AF278089

El pasado

Mauro Bonazzi

El pasado
Entre la nostalgia y la cancelación

Traducción de L. Carmen Tenero Lorenzo

Alianza editorial
El libro de bolsillo

Título original: *Passato*

Primera edición: septiembre de 2025

Diseño de colección: Estrada Design
Diseño de cubierta: Manuel Estrada
Fotografía de cubierta: Javier Ayuso

PAPEL DE FIBRA
CERTIFICADA

Copyright © 2023 by Società editrice il Mulino, Bologna
© de la traducción: L. Carmen Ternero Lorenzo, 2025
© Alianza Editorial, S. A., 2025
 Calle Valentín Beato, 21
 28037 Madrid
 www.alianzaeditorial.es

ISBN: 978-84-1148-967-6
Depósito legal: M-11895-2025
Printed in Spain

Índice

1. El presente

¡Estamos en la cima más elevada de los siglos! ¿Para qué mirar atrás si queremos derribar las misteriosas puertas de lo imposible?

F. T. MARINETTI, *Manifiesto futurista*

Al día siguiente. A la misma hora. En el mismo lugar.

S. BECKETT, *Esperando a Godot*

Cada vez más rápido. El coche coge velocidad, corre, a los lados se difumina el paisaje. El cuerpo y la espalda se hunden en el asiento, la adrenalina sube y aumenta la atención. Hay vehículos delante, a los lados, por detrás; todos corren. Los obstáculos no entran en el campo de visión hasta el último momento, cuando ya casi es demasiado tarde. La mente, en tensión, intenta reaccionar ante lo inesperado. El paisaje cambia continuamente. En cuanto a la dirección que se ha tomado, de dónde se viene y adónde se va, son cuestiones que habrá que pensar más tarde; ahora mismo no hay tiempo. Ahora hay que concentrarse en la carretera. Los pies en el suelo, no quedarse atrás, seguir por el buen camino, no estrellarse. Es una sensación estimulante, pero la emoción también va acompañada del miedo a que las cosas salgan mal, a que se descontrolen. Como en un videojuego, la velocidad vuelve a aumentar. Pero no es un videojuego.

Y todo se detiene.

En 2010, Hartmut Rosa escribió un librito tan intenso como esclarecedor: un «ensayo sobre la vida moderna», escribe en la primera frase. Y ya en el título aparece la palabra clave para entender esta «vida moderna», el mundo y los tiempos en que vivimos, o quizá en los que vivíamos. *Alienación y aceleración*[1]. Hasta hace poco, vivíamos en un mundo de aceleración constante, un mundo al que las novedades llegaban en oleadas cada vez más tormentosas, sin que hubiera tiempo para adaptarse a los cambios, porque al mismo tiempo ya estaba ocurriendo otra cosa, no menos importante y todavía más urgente. Como en un videojuego, el reto era estimulante, pero la emoción iba acompañada del miedo a que las cosas se descontrolaran, o peor aún, del miedo a quedarse atrás y, en consecuencia, a hundirse cada vez más. En un mundo en el que todo va rápido, rápidamente se establece una división entre ganadores y perdedores, entre los que saben adaptarse a las nuevas situaciones (o tienen los medios para hacerlo) y los que están condenados a una situación de precariedad. No se trataba solo de la aceleración que se produce por las innovaciones tecnológicas, aunque sea el fenómeno más visible: pensemos en el aumento de la velocidad en los transportes o las comunicaciones en el nuevo mundo globalizado. En la nueva realidad digital, todo está conectado, y por tanto es simultáneo e inmediato. Igualmente importantes eran las consecuencias sociales. Actitudes, valores, modas, estilos de vida, relaciones y obligaciones sociales, costumbres; todo cambiaba constantemente. Con el único imperativo, válido para todos, de seguir siendo jóvenes; en otras palabras, de seguir conectados al aquí y al ahora, bajo pena de marginación, de caer en el olvido. Ya no es hora de «proyectos de vida» y «valores arraigados» que orienten las decisiones existenciales. Mejor subirse al carro y estar siempre dispuesto a aprovechar cualquier oportunidad que se presente[2].

El resultado fue un cambio de «régimen temporal», una contracción del presente en el presente[3].

Toda la atención se dirigía al momento presente, no había tiempo para nada más. En una situación de constante cambio, pararse a pensar en el pasado, preguntarse de dónde venimos, no parecía tener mucha importancia, y, sobre todo, no teníamos tiempo para hacerlo. Y cambiando continuamente el presente, cambiaban continuamente los futuros, ora halagüeños, ora distópicos, pero siempre en transformación, posibilidades y perspectivas mutantes, hasta resultar efímeros. Solo quedaba el presente, cada vez más complicado y escurridizo.

Y entonces llegó el covid.

La pandemia obligó a dar un frenazo en una carrera que parecía imparable. Pero lo que realmente supuso y lo que está sucediendo ahora no está claro para nadie. En las semanas de confinamiento, el deseo más común era la vuelta a la normalidad. Sin embargo, durante ese tiempo nos dimos cuenta de que, en el fondo, nadie tenía realmente claro qué era esa «normalidad». De ahí las continuas referencias a la «nueva normalidad», un concepto todavía más escurridizo. Ahora, todo ha empezado a moverse otra vez, y es difícil saber qué está pasando en realidad, qué ha cambiado realmente en nuestras vidas y qué fue lo que dejamos a un lado durante un momento para luego retomarlo tal cual. Lo que no parece haber cambiado es el hecho de concentrarse en el presente.

La modernidad tardía fue y sigue siendo la época del presentismo.

Desde luego, no es la primera vez que una sociedad se centra en el presente. El saber que se está viviendo en un momento especial, que requiere una atención particular y exclusiva, domina por ejemplo gran parte del debate intelectual europeo de la primera modernidad, entre los siglos XVI y XVIII, empezando por Francis Bacon y su convicción de que solo se puede empezar a pensar en serio, a abordar los problemas de forma concreta, después de haberse liberado de los ídolos de la tradición. En el siglo XIX, el francés Auguste Comte celebró la nueva era del positivismo, en la que los seres humanos, reconociendo la inutilidad de la metafísica, desarrollarían un enfoque científico de la realidad para crear por fin una sociedad racional, ordenada y pacífica. A principios del siglo XX, el impetuoso progreso tecnológico suscitó un entusiasmo generalizado y no faltaron quienes, como los futuristas de Filippo Tommaso Marinetti, ensalzaron el «automóvil rugiente», «lanzado a la carrera» y mucho «más hermoso que la *Victoria de Samotracia*»:

¡Estamos en la cima más elevada de los siglos! ¿Para qué mirar atrás si queremos derribar las misteriosas puertas de lo imposible? Han muerto el tiempo y el espacio. Nosotros vivimos en lo absoluto, puesto que hemos creado la eterna velocidad omnipresente.

Así llegamos a hoy. Al fin y al cabo, la palabra «moderno», del latín *modernus*, deriva del adverbio *modo*, que significa 'ahora mismo, recientemente' (la primera prueba de su uso se remonta a un escrito del papa Gelasio en 494)[4]. A fin de cuentas, todos pensamos que vivimos en una época especial, en la que está ocurriendo algo importante.

Sin embargo, los ejemplos que acabamos de mencionar comparten una perspectiva que ahora falta: no es solo la consciencia de la novedad del tiempo presente, sino también la confianza en el camino emprendido, la convicción de que las cosas avanzan y progresan. Al énfasis en el presente lo acompaña un optimismo por el rumbo que se ha tomado, una confianza en el progreso. Así fue a lo largo de toda la modernidad y durante gran parte del siglo XX, con sus «sueños americanos», sus «milagros alemanes» o «japoneses» y sus «paraísos socialistas». En esos casos, el futuro era el que daba un rumbo y un orden al presente[5]. Pero no parece ser así en la actualidad. Aparte del entusiasmo de ciertos futurólogos de éxito —Yuval Noah Harari es el primer nombre que me viene a la mente[6]— o de quienes celebran la nueva humanidad poshumana, capaz de triunfar sobre la muerte gracias a la tecnología[7], no se diría que la fe en el progreso sea un rasgo característico de nuestra época[8]. El futuro, cuando no es fuente de preocupación, es un recurso supeditado a las necesidades del presente, de un presente que, sin puntos de referencia, solo quiere seguir perpetuándose tal como es, con sus privilegios y distorsiones.

En nuestro caso, la focalización en el presente recuerda bastante a lo que Pier Vittorio Tondelli escribió en *Altri libertini*, en 1980, al hablar sobre la educación sentimental de un muchacho de provincias en «un inmediato que no parece tener pasado ni futuro»[9]. Lo cantaba también un grupo musical que gozaba de un discreto éxito en Italia en esos mismos años, los CCCP Fedeli alla linea: «Un eterno presente che capire non sai [un presente eterno que no sabes entender]». El presente es eterno, porque no parece haber lugar para un antes o un después. Es siempre el momento del «aquí y ahora». Solo existe el tiempo presente, un tiempo proteiforme, siempre actual y siempre distinto, que nunca podremos comprender. Así, una y otra vez, corremos como hámsteres en la rueda de la jaula, cada vez más rápido pero sin avanzar ni un milímetro[10]. La canción de CCCP continúa con una frase que suena como una amenaza velada: «L'ultima volta non arriva mai [la última vez no llega nunca]». Como si no hubiera forma de salir de ese ciclo, en el que la aceleración solo produce alienación (la otra palabra clave del ensayo de Hartmut Rosa citado anteriormente), una pérdida de control de nosotros mismos y de lo que hacemos.

Y al mismo tiempo, como telón de fondo cada vez más inquietante, hay un tiempo nuevo, el de la catástrofe, el cambio climático, del que no parecemos dispuestos a darnos por enterados. La nuestra es una época de cortocircuitos, de una sociedad que parece ensimismada, incapaz de recuperar la profundidad. ¿Deberíamos intentar mirar atrás? ¿Tratar de comprender de dónde venimos para entender dónde estamos y hacia dónde vamos?

Hablar del pasado, de nuestra relación con el pasado, es un tema potencialmente inagotable, que abarca todo y nada. Sería difícil, si no imposible y tal vez inútil, abordarlo de modo exhaustivo. Desde luego, no es el objetivo de este libro. En cambio, en las páginas que siguen nos detendremos en ciertos aspectos que parecen ser más relevantes para poner orden en esta maraña. En la segunda sección exploraremos la tendencia cada vez más extendida de los contemporáneos a erigirse en jueces del pasado en virtud de una supuesta superioridad. Dicho de otro modo, es el problema de la cultura de la cancelación o *cancel culture*, y es mucho más interesante de lo que parece, si dejamos de lado los episodios bizarros y grotescos (que son muchos). Por otra parte, a pesar de las apariencias, la actitud de quienes pretenden defender el pasado de estas distorsiones no deja de ser instrumental y sesgada, como veremos en la tercera sección: incluso la celebración nostálgica del pasado es un intento de subyugarlo a las necesidades del presente. Y para entonces habrá quedado claro que «pasado» es quizá un término demasiado genérico en el fuego de estas polémicas, porque lo que se cuestiona no es el pasado entendido de un modo genérico, sino, mucho más específicamente, el pasado de la tradición europea y occidental: este es el convidado de piedra del que todo el mundo habla, ya sea para defenderlo o para atacarlo. Pero ¿sabemos realmente qué es esa tradición europea y occidental de la que todo el mundo habla? En la cuarta sección veremos que se trata de un concepto mucho más esquivo de lo que parece, y en el quinto abordaremos sus límites y potencialidades en el mundo globalizado en que vivimos, lo que nos permitirá volver al problema del pasado de una manera más consciente, como haremos en la última sección, donde intentaremos sacar algunas conclusiones sobre lo que el pasado significa para nosotros en una época dominada por el presente y en la que el futuro se cierne cada vez más amenazador.

2. El juez

Quantus tremor est futurus
Quando iudex est venturus
Cuncta stricte discussurus.

TOMÁS DE CELANO, *Dies irae*

Un caso clamoroso de dominio del presente, un caso en el que el tiempo presente se erige en árbitro absoluto e incontrovertible, es el de la llamada cultura de la cancelación o *cancel culture*[1], una cuestión que se originó en Estados Unidos como consecuencia de problemas propios de esa sociedad, pero que pronto se convirtió, a menudo de forma grotesca, en objeto de acaloradas discusiones en todas partes. No queda muy claro a qué se refiere —¿quiénes son exactamente esos «canceladores»?, ¿qué quieren «cancelar» exactamente?—, pero no pasa un día sin que lleguen noticias del otro lado del océano sobre algún episodio desconcertante. Al principio fue Ovidio, con sus relatos de violaciones, pero todavía se podía entender porque la violencia contra la mujer es (afortunadamente) un tema relevante en todas las latitudes y porque al fin y al cabo (y esto cuenta aún más) a poca gente le importa Ovidio. Y luego llegaron Homero, con una profesora de una universidad estadounidense que declaró que se sentía orgullosa por haberlo eliminado del plan de estudios por racista; el caso de Yale, donde se quiso eliminar el estudio de las obras de arte del Renacimiento italiano, y las acusaciones contra Beethoven, de los que sostienen que solo habría tenido éxito por ser blanco... Al tiempo que por todas partes se derriban estatuas de Cristóbal Colón, Winston Churchill, Marco Aurelio... Y por educación se obvian los numerosos casos de personajes más o menos famosos, no monumentos (ya molestos) del pasado, sino seres vivos que están siendo «cancelados» y silenciados. ¿Qué está ocurriendo?

Visto desde este lado del Atlántico, donde tenemos una sociedad mucho más cohesionada y homogénea que la de Estados Unidos, el fenómeno es desconcertante y las reacciones de desaprobación son casi unánimes. Solo hay que ver la prensa. La campaña de muchos periodistas y escritores que colaboran con el diario italiano *Foglio* ha sido y sigue siendo insistente. Periódicos como *Libero* o *il Giornale*, obviamente, no pierden ninguna ocasión de intervenir para mofarse de estas aberraciones, prueba fehaciente de lo estúpidas (y dañinas) que son las ideas de la izquierda. Pero no son solo ellos. La excelente periodista Natalia Aspesi ha escrito un llamamiento en *la Repubblica* contra la «cancelación» de la biografía de Philip Roth, que corre el riesgo de ser destruido tras las acusaciones de violencia sexual que se han levantado contra él. Enrico Mentana publicó un sentido tuit con una foto de la famosa quema de libros nazi de 1933 acompañada de una «valiente» denuncia: «Hay que tener el valor de decirlo: en muchos aspectos, cancelar la cultura recuerda a las quemas de libros del nazismo». Es un buen ejemplo de lo que Leo Strauss llamaba despectivamente *reductio ad Hitlerum*: no hay mejor manera de desacreditar una tesis que asociarla al nombre de Hitler o del nazismo. La lista es larga: de hecho, todo el mundo se siente obligado a intervenir, y los comentarios van casi siempre en la misma dirección.

Nadie se lo habría podido imaginar. Todo empieza con una canción de amor sobre una historia que termina mal: *Your Love Is Cancelled*. La expresión se remonta a 1991, cuando en *New Jack City*, una película sobre unos traficantes afroamericanos, uno de ellos les dice a sus secuaces: «Cancel that bastard [cancelad a ese cabrón]». A partir de ahí, el verbo se va usando cada vez más y empieza a difundirse entre la comunidad afroamericana, sobre todo en las redes sociales: cancelar a alguien significa quitarle el «me gusta», dejar de apoyarlo o seguirlo. Y junto con este verbo aparece otro, *woke*, que indica algo así como «estar en guardia». Al principio, la idea es dejar de seguir a alguien; cambiar de canal, no cerrar el canal. Pero solo al principio, porque enseguida va a imponerse la idea mucho más amenazadora de la censura, de impedir que alguien exprese sus ideas: no soy yo el que pierde el interés, eres tú el que tiene que dejar de expresar unas ideas tan equivocadas. Probablemente era inevitable, en el mundo de capitalismo avanzado en el que vivimos. Una persona que deja de seguir a un personaje famoso, ¿le importa a alguien? Sin embargo, el que un grupo deje de seguir a ese personaje, planteando dudas sobre la moralidad de sus pensamientos y acciones, sí importa, y mucho: ¿las empresas con las que trabaja querrán seguir apoyándolo?

Y el fenómeno se extiende: ya no se limita a los famosos vivos, que forman parte del mundo de las estrellas, sino que ahora se extiende también al pasado, lo que plantea cuestiones mucho más espinosas a los inquisitivos ojos del presente. En realidad, la batalla en sí se ha ido desplazando cada vez más hacia los casos del pasado, precisamente por su relevancia. El que un youtuber haya hecho un comentario estúpido con el que haya ofendido a alguien o a algún grupo es al fin y al cabo un problema circunscrito, pero que los pilares sobre los que se asienta nuestra civilización se apoyen sobre tesis inaceptables es un problema mucho mayor. Hay que hacer algo, lo cual nos devuelve a los casos anteriores.

Hay un elefante moviéndose por la cacharrería de estas polémicas en suelo estadounidense, y es el racismo. En Estados Unidos es un problema enorme, dado el papel preponderante que ha desempeñado la esclavitud en su historia. En otros lugares, como en Italia, no lo es tanto. Pero se mantiene la cuestión de la relación con el pasado, que es lo que realmente está en juego y a lo que debemos prestar atención, intentando aportar algo de claridad y tratando de identificar las cuestiones más relevantes. De hecho, empiezan a perfilarse algunas tendencias básicas.

Cómplice de una cierta pereza intelectual, y como demostración de que disparar contra el pianista sigue siendo una actividad popular, la lista de casos de cancelación se ha ido enriqueciendo en los últimos años con episodios tan desconcertantes como fantasiosos. Aunque, en lugar de aspirar a un consenso fácil criticando estas aberraciones, muchas veces habría bastado con comprobar que los que se anunciaban como casos no lo eran. Para que quede claro: la biografía de Philip Roth se encuentra fácilmente en cualquier librería, para regocijo de Natalia Aspesi y de los muchos admiradores de este gran escritor. Cualquiera puede ver *Lo que el viento se llevó* o escuchar a Beethoven, y a nadie se le ocurriría quemar nada. Dicho esto, lo cierto es que la tendencia está ahí y va en aumento, como puede atestiguar cualquiera que se encuentre trabajando en un campus estadounidense (e incluso en una universidad europea, últimamente). No es fácil poner orden en este caos pulverulento, hecho a menudo de iniciativas personales: junto a reflexiones interesantes, encontramos gestos extemporáneos de individuos estrafalarios, y cuesta entender por qué hay que tomar estas últimas posturas, en lugar de reflexiones más ponderadas, como signo de los tiempos. Pero más o menos la pauta parece ser la que se describe a continuación.

En un contexto dominado por el presente, y exclusivamente por el presente, los valores del presente se utilizan para arrojar luz sobre el pasado. Y todo lo que haya en el pasado que no concuerde con los valores del presente se estigmatiza. Sin embargo, hablar de los valores del presente en sentido genérico tampoco quiere decir mucho. De hecho, hoy en día no hay valores compartidos por todos (volveremos sobre ello), de ahí que los valores que se utilizan para juzgar el pasado sean los de un determinado grupo capaz de crear masa crítica.

Pero, mientras los atacantes se dispersan como el polvo en grupos cada vez más circunscritos y numerosos y las acusaciones continúan multiplicándose, el blanco de las polémicas sigue siendo el mismo: no un pasado en sentido abstracto, sino un pasado muy concreto, el nuestro, el de la llamada tradición europea y occidental. «Hey hey, ho ho: Western culture's got to go! [la cultura occidental tiene que desaparecer]», coreaban los estudiantes de Yale, una de las universidades estadounidenses más destacadas, ya en 1987. Aquí tenemos a la verdadera acusada, la que tiene que marcharse, de la que ya es hora de que nos liberemos. Y si bien no falta la perplejidad ante estas vehementes acusaciones contra la tradición pasada, también hay que analizar los elementos interesantes del problema.

Empecemos por las perplejidades. La primera es lo que podríamos llamar la «ingenuidad sobre el otro». Enjuiciado en el tribunal del presente, decíamos, no está el pasado entendido de un modo genérico, sino el pasado de la tradición europea y occidental, una historia que ha dominado durante mucho tiempo (al menos esto es indiscutible). Durante mucho tiempo, al menos durante dos siglos, esta tradición se celebró como la cumbre de la civilización humana, la expresión de lo mejor del ser humano. Sin embargo, ahora descubrimos una realidad distinta, mucho menos luminosa de lo que nos gustaría: estos antepasados nuestros, de los que estamos tan orgullosos, también fueron esclavistas, racistas, xenófobos, misóginos. Así ha sido, más o menos. Lo cual parece zanjar la polémica a favor de la actualidad y además relega a una posición muy resbaladiza a quienes se resistan a tal veredicto: ¿no compartirán en secreto esas mismas ideas aberrantes quienes se nieguen a distanciarse con indignación de una tradición tan corrupta?

Está claro que el pasado hay que afrontarlo, y de hecho en muchísimos casos el problema es la reacción a esta toma de consciencia, y no tanto el haber planteado la cuestión. Es un tema interesante, y volveremos sobre él. Pero lo que resulta insatisfactorio es la reacción, lo que propongo que llamemos la «ingenuidad sobre el otro». Al darnos cuenta de que el pasado no es lo que parecía —que nuestros antepasados son muy distintos de como nos los describieron—, la única solución parece ser un rechazo total e indignado. Son los hijos que se revuelven contra los padres, y los hijos saben que tienen razón. ¡Ya está bien de este pasado oscuro y oprimente! Tenemos que dirigir la mirada hacia otro sitio si queremos encontrar mejores modelos de conducta. Pero la pregunta es dónde.

¿Dónde podemos encontrar los modelos que nuestro tiempo necesita? En estos debates siempre acaban surgiendo veladas alusiones a otras civilizaciones que han sido injustamente marginadas y que sin embargo tienen tanto que enseñarnos. Las civilizaciones indígenas; el Extremo Oriente, con su sabiduría milenaria; África, repleta de energía. En fin, las otras, las que pisoteamos cuando estábamos concentrados en nuestra misión civilizadora. Pero ahí es donde el debate da un giro grotesco, en el que, tras una fachada de rousseaunismo (si pudiéramos liberarnos de esta sociedad tan corrompida, la nuestra, todos seríamos buenos) triunfa una banalísima ignorancia. ¿De verdad hay quien se atreve a pensar que otras civilizaciones (signifique lo que signifique esa palabra) pueden erigirse en guías de nuestro tiempo?, ¿que hay otras civilizaciones que carecen de todos los vicios y defectos que han corrompido la nuestra? Hay otras civilizaciones, historias y tradiciones capaces de ayudarnos a entender nuestros problemas desde perspectivas insospechadas, y por eso merecen atención, pero la idea de que exista una civilización prístina y pura es tan ingenua que parece imposible que nadie se la tome en serio; y de hecho, nadie se la toma en serio. Una vez que nos hemos liberado de nuestro pasado, el siguiente paso es la liberación del pasado *tout court*. El día del juicio ha llegado, es aquí y ahora, y nosotros somos los jueces.

Pero «nosotros», ¿quién? La pregunta no es fácil de responder, y las consecuencias prácticas no son las esperadas. En el momento en que el debate pierde los puntos de referencia que se puedan tener en común es inevitable que ese «nosotros» se pulverice al esparcirse en pequeños grupos cada vez más reducidos. El único resultado posible es una atomización absoluta.

Un ejemplo de ello son las recientes y violentísimas polémicas sobre el feminismo y la identidad de género. Durante años, las discusiones dividieron el campo del feminismo entre quienes luchaban por la igualdad de género y quienes, más recientemente, insistían en la diferencia que necesariamente separa el sexo masculino y el femenino. Por un lado estaban los que, como Simone de Beauvoir, sostenían que la distinción entre el sexo masculino y el femenino dependía de prejuicios culturales, y luchaban por la igualdad; y por el otro los que, como Luce Irigaray o Rosi Braidotti, revalorizaban con orgullo la diversidad y trataban de construir un mundo alternativo a partir de esa diversidad, una diversidad que evidentemente se basaba en la diferencia entre el cuerpo masculino y el femenino. Pero de ahí se pasó después a reivindicar el hecho de que los cuerpos son todos diferentes y que cada cual vive la relación con su cuerpo y consigo mismo de una manera que no puede ser comprendida, y mucho menos cuestionada, por los demás. Lo que realmente importa, en definitiva, no es el sexo (el cuerpo), sino el género (lo que uno se siente), y todo ha tomado una dirección inesperada, con feministas acusadas de transfóbicas por activistas transgénero por haber insistido en la dimensión biológica de los cuerpos y el sexo (J. K. Rowling, Joyce Carol Oates o la filósofa Kathleen Stock, que se vio obligada a dimitir tras una intensa campaña dirigida por algunos estudiantes y asociaciones)[2]; con la adopción de un lenguaje de género neutro, por el que ya no decimos «mujer» sino «persona menstruante» o incluso (y esto es increíble) «no hombre», como en el reciente diccionario de la Universidad Johns Hopkins, una de las universidades estadounidenses más importantes (en otras palabras, hemos vuelto a Aristóteles, cuando definía a la mujer como un varón incompleto)[3]; con la incapacidad de unirse para defender intereses que deberían ser comunes, al menos en parte (porque en la realidad cotidiana se sigue discriminando a las mujeres y aún más a las personas transgénero).

Se pasa de una vocación universalista a una reflexión sobre la diferencia, y de ahí, a una reivindicación militante de la singularidad. Esto se aplica al feminismo y a muchas otras luchas de identidad en un mundo cada vez más fragmentado y carente de puntos de referencia compartidos[4]. Todos somos distintos, y todos nos encontraremos ante un tribunal creyéndonos jueces solo para descubrir que somos los imputados.

Es más (he aquí otra tendencia generalizada), al carecer de puntos de referencia racionales, el debate está cada vez más dominado por un emotivismo que, de hecho, hace imposible el debate en sí: cada vez hay menos espacio para las experiencias compartidas, ya que lo que cuenta son más bien las percepciones individuales (que, como tales, no pueden comprenderse de verdad y, por tanto, tampoco pueden debatirse). Desde luego, hay algo de verdad en todo esto: un varón, por seguir con el ejemplo anterior, no puede sumergirse por completo en una perspectiva femenina (a pesar de que durante siglos se les ha exigido a las mujeres que hicieran suyo el punto de vista masculino). Pero esta tendencia, si se exagera, corre el riesgo de producir una imposibilidad de comunicación[5].

Allí donde el individuo es el juez último e inapelable, no tiene sentido intercambiar ideas. Lo único que importa es el efecto que una determinada idea tiene en los demás: «Esto que dices me hace daño, así que estás equivocado». Fin de la discusión. Y quién sabe qué prejuicios estaremos cultivando ahora sin saberlo siquiera, de los que nos pedirán cuentas las generaciones futuras. El político socialista Pietro Nenni lo expresó con una frase genial: «Si compites con los puros, siempre encontrarás a uno más puro... que te purgará». Y los versos de la canción de los CCCP resuenan cada vez más inquietantes: «Un eterno presente che capire non sai [un presente eterno que no sabes entender]. L'ultima volta non arriva mai [la última vez no llega nunca]».

Es inevitable estigmatizar estos mecanismos. Pero centrarse solo en esto sería un error. Como decíamos, esta variada composición de episodios más o menos bizarros puede describirse como el resultado de un progresivo cuestionamiento por parte de grupos marginales o minoritarios (pero no por ello no merecedores de atención) de los valores y el sentido de una tradición, la occidental, que ha ocupado una posición de evidente hegemonía durante demasiado tiempo. Se trata de un hecho de gran interés desde muchos puntos de vista: en primer lugar, desde una perspectiva histórica, y precisamente para quienes realmente se preocupan por esta tradición. Porque la réplica nos obliga a volver sobre ese mismo pasado, a reconsiderarlo desde otras perspectivas y puede que a descubrir aspectos que habían permanecido ocultos. Dicho de otro modo, nos obliga a reconsiderar realmente nuestro pasado, liberándolo de incrustaciones, prejuicios y tópicos, lo cual es claramente positivo si a uno le interesa de verdad su pasado. Además, desde un punto de vista que podríamos llamar filosófico o cultural, la oposición también nos obliga a reflexionar sobre el significado de este patrimonio en el nuevo contexto del mundo globalizado en que vivimos. No hay reto más interesante, y volveremos sobre ello próximamente, pero para comprender realmente el potencial de este desafío, hay otra cuestión que debemos abordar.

3. Nostalgia

Dejad de matar a los muertos.
No gritéis más, no gritéis,
si todavía queréis oírlos.

G. UNGARETTI, *No gritéis más*

Un error que debemos evitar es pensar que la cultura de la cancelación es solo un fenómeno de izquierdas, más o menos radical, pero propio de los círculos progresistas. También existe una cultura de la cancelación de derechas, conservadora, que además es mucho más eficaz. La izquierda libra sus batallas en los campus y universidades (donde no dominan ni los estudiantes ni los profesores, sino los consejos de administración, que son de todo menos progresistas). En cambio, la derecha es mucho más activa en los colegios e institutos, donde tratan de resolver el problema de raíz, por así decirlo: en teoría para proteger a los más pequeños de condicionamientos deletéreos y de hecho para condicionar la educación de los futuros ciudadanos, deciden qué se puede leer y qué no. Las sorpresas están a la vuelta de la esquina.

Esto lleva a una inversión especular de las reivindicaciones de los progresistas, que se transforman en una defensa a ultranza de la «tradición». Como de costumbre, Estados Unidos es el terreno donde el enfrentamiento es más violento: lo que una vez fue la mayoría blanca se va percibiendo cada vez más como una minoría atacada (aunque no sea así en Estados Unidos y menos aún aquí, con el debido respeto a los que desvarían sobre la sustitución étnica y otros temas similares). En este contexto, las trincheras son las bibliotecas (¡!) y los programas escolares: en ambos casos se trata de eliminar cualquier referencia a las cuestiones de género (el problema de la identidad sexual) o, lo que es peor, al racismo. Una vez más, está claro que estas tensiones se ven exacerbadas por las especificidades del contexto estadounidense, marcado por siglos de esclavitud. Los resultados son francamente grotescos. Entre los libros prohibidos figuran, por ejemplo, ganadores del Premio Nobel como Toni Morrison o John Steinbeck, e incluso una adaptación en dibujos animados del diario de Ana Frank por su «contenido sexual» (que «ofendió» a un padre, ejemplo flagrante del emotivismo y el nuevo dominio del individuo que mencionamos en la sección anterior). Entre los autores que han corrido el riesgo de quedar prohibidos encontramos a Martin Luther King, por divisivo, y a Galileo, por anticlerical[1]. Se trata de situaciones extremas, sin duda alguna, pero hasta en esta situación es posible identificar tendencias mucho más extendidas que también afectan a nuestra sociedad.

Ante la confusión y la incertidumbre del presente, una tentación posible, alternativa a la de una oposición radical y no por casualidad recurrente, es refugiarse en las certezas de un pasado idealizado. Así, la constatación de que ese pasado, nuestro pasado, está siendo atacado puede estimular también la reacción de una defensa a ultranza. Y esto es exactamente lo que está ocurriendo.

Sobre la huida hacia el pasado y el triunfo de la nostalgia no hace falta detenerse demasiado. Se podría recordar el caso de ese conocido político italiano que inunda las redes sociales con fotos de gramolas, calipos y fichas de teléfono para recordarnos que cualquier tiempo pasado fue mejor (entran ganas de recordarle que su trabajo consiste precisamente en hacer que ahora estemos mejor, y no en rememorar alegremente los buenos tiempos de las vacaciones del instituto)[2]. Y si puede que sea excesivo incomodar a Sigmund Freud y su teoría de la regresión infantil, como hizo Zygmunt Bauman[3], al menos podemos remitirnos a Leopardi cuando recordaba el poder del «recuerdo», confirmando esa característica típica del ser humano que es precisamente la idealización del pasado:

¡Qué grato es
[...] recordar las cosas pasadas,
aun tristes, y que el sufrimiento perdure!

El potencial seductor de la memoria, que simplifica y consuela, es bien conocido, y desde luego no es casualidad que todas las civilizaciones tengan mitos de una edad de oro relegada a un pasado lejano y primordial.

En cualquier caso, el objeto de debate no son estas consideraciones generales. La discusión se enciende cuando no se está hablando del pasado en sentido genérico, sino de nuestro pasado, de la tradición occidental. Sin duda, la utilización política o ideológica del pasado no es nada nuevo, pero la intensidad y la frecuencia del fenómeno son ciertamente sorprendentes, hasta el punto de que una politóloga estadounidense (corría el año 2001, no eran tiempos sospechosos) llegó a afirmar que estamos pasando por «una epidemia mundial de nostalgia»[4]. No es fácil contradecirla. E incluso a este lado de la barricada, no muy distinto del otro, como recordamos en la sección anterior, no faltan posturas risibles, si pensamos en casos como el de Ana Frank que antes mencionamos o el reciente despido de aquella profesora a la que, también en Estados Unidos, se le consideró culpable por haber enseñado en el aula el *David* de Miguel Ángel durante una clase de Historia del Arte, con lo que perturbó quizá para siempre las almas inocentes de sus jóvenes alumnos con la visión de un cuerpo desnudo (el de la estatua de Miguel Ángel)[5]. Por risible que resulte, el ejemplo revela un punto esclarecedor: estos fervientes defensores de la tradición defienden una versión de esa misma tradición hecha a su medida al objeto de avanzar en las batallas que les interesan. Por otra parte, también es típico de la nostalgia proyectar una luz idealizada sobre un tiempo lejano y muy distinto de como se recuerda. En definitiva, la necesidad de oponerse a un rechazo totalizador del pasado es comprensible y en parte se puede estar de acuerdo. Pero con demasiada frecuencia la defensa del pasado se reduce a la celebración de un pasado que, si no llega a ser imaginario, al menos está mistificado, por lo que es prejuicioso y unilateral. Al final, estos autodenominados defensores de los buenos viejos tiempos comparten el mismo desinterés por el pasado que sus oponentes (que por lo menos tienen el buen gusto de admitirlo).

Entre los muchos casos que pueden mencionarse, hay uno que destaca por su ejemplaridad: el mundo grecorromano, es decir, las raíces de las que habría florecido nuestra tradición europea y occidental (dos adjetivos, «europeo» y «occidental», que no coinciden exactamente, como veremos más adelante)[6]. La defensa a ultranza del mundo antiguo frente a quienes se atreven a atacarlo por su supuesto racismo, misoginia y xenofobia ha resultado un ejercicio estéril y una oportunidad perdida. En cualquier caso, no querer leer a Ovidio porque hablaba de violaciones o a Aristóteles porque defendió la esclavitud no parece especialmente esclarecedor, aunque tampoco parece una postura especialmente prometedora la celebración indiscriminada de este legado sin preguntarse siquiera qué es esta tradición, y a fin de cuentas tampoco importa mucho si quienes defienden los valores eternos y universales del mundo griego son enérgicos miembros de grupos de extrema derecha (la página web *Identity Evropa*, de un grupo neonazi estadounidense, contenía una notable galería de estatuas griegas y neoclásicas)[7] o elegantes escritores, capaces de celebrar la belleza del optativo o del absoluto ablativo a punta de pluma[8]. Porque en todos estos casos, ya se critique o se defienda, no se trata del mundo antiguo «tal y como era en realidad», sino de una interpretación del mismo, que tiene una historia precisa, una historia que dice mucho de nosotros y que es interesante analizar.

Sin darnos cuenta, tendemos a considerar el mundo grecorromano como un bloque aislado, internamente homogéneo y muy distinto de todo lo que lo rodea, el variado y caótico mundo de las civilizaciones semíticas y orientales. Por un lado, Atenas y Roma: el orden, la razón, la belleza; nosotros, Europa, Occidente. Por otro lado, Jerusalén, Babilonia, Cartago: el otro, distinto de nosotros, Oriente, signifique lo que signifique este término; caótico, variopinto y sensual. Estamos tan acostumbrados a esta oposición que nos desconciertan las ideas de quienes plantean dudas. ¿De verdad hay alguien que quiere cuestionar esta idea de una antigüedad grecorromana que es la base de nuestra tradición? Sin embargo, solo hay que ver un mapa para darse cuenta de que esta convicción que nos lleva a creer en la existencia de un mundo grecorromano completamente aislado del resto de las civilizaciones que poblaron el Mediterráneo no se sostiene. De hecho, el que la única respuesta a esta duda (¿cómo pudo ser?) haya sido considerar el mundo grecorromano en su soberbio aislamiento como un «milagro», es decir, como algo inexplicable desde un punto de vista racional, es por algo. Y es que, efectivamente, no puede explicarse por ser una tesis completamente errónea. Los griegos y los romanos son parte integrante de la historia del Mediterráneo, y no tiene sentido pensar en ellos como pueblos aislados del resto de los pueblos que habitaron esas tierras y navegaron por ese mismo mar. En realidad, la idea de un aislamiento grecorromano es una idea reciente, una construcción ideológica que se extendió por Europa en la Edad Moderna hasta que acabó por imponerse definitivamente en el siglo XIX como justificación de la ideología imperialista y colonialista (la «carga del hombre blanco»).

Estas construcciones ideológicas, que crean y justifican jerarquías y oposiciones, no son neutrales.

Un pequeño ejemplo es suficiente para que cambiemos la forma de ver nuestras raíces. A los griegos, entre otras muchas cosas, les debemos un ideal de belleza que parece destinado a atravesar los siglos. El *Doríforo*, la *Victoria de Samotracia*, la *Venus de Milo* y el *Discóbolo*, tan equilibrados, armoniosos y esenciales en su juego de contrastes entre el blanco y el negro, la luz y la sombra: he aquí la belleza, un ideal de belleza capaz de perdurar a través de los siglos en todas las latitudes. ¿Cómo reaccionaríamos si alguien nos dijera que estas estatuas, e incluso los templos (para ser claros, incluso el Partenón), tenían colores, como un monumento egipcio cualquiera, e incluso más? Lo descubrió con gran desconcierto el embajador francés en Atenas a finales del XVIII, cuando por fin pudo contemplar el Partenón: «Tout était peint! [¡todo estaba pintado!]», escribió conmocionado en su diario, y hoy lo sabemos, más allá de toda duda razonable. ¿No cambia nuestra visión de los pueblos antiguos tras semejante constatación? Hace unos años, una estudiosa estadounidense escribió sobre estos hallazgos en *Forbes*, dirigiéndose a un público más amplio, fuera del círculo habitual de especialistas. Como resultado, recibió un aluvión de amenazas de muerte, lo que de paso nos recuerda que la cultura de la cancelación no es exclusivamente de izquierdas[9]. Por otra parte, solo hay que visitar una vez el Gabinete Secreto del Museo Arqueológico de Nápoles —con descubrimientos de Pompeya y Herculano que de llamarlos morbosos nos quedaríamos cortos— para comprender que la tesis del «milagro» es una pía ilusión (el adjetivo pío va muy bien, tras la visita a Nápoles).

Tampoco podía faltar un poco de ironía en esta historia. No debemos olvidar que de este mundo antiguo, griego y romano, sabemos muy poco. El tiempo todo lo devora, como escribió Ovidio; el paso de los siglos se traga inexorablemente los productos del hombre. Pero no es solo esto.

La cultura de la cancelación es una expresión sacada de los debates estadounidenses que realmente evoca un escenario contemporáneo, muy actual y muy occidental. Pero en todas las latitudes se han dado fenómenos parecidos con implacable constancia a lo largo de la historia de la humanidad. Canceladores, y bastante motivados, fueron los nazis, que consiguieron erradicar casi por completo la memoria de un pueblo, el judío, que había vivido en Europa durante siglos; los talibanes, que hace unos años derribaron las estatuas de Buda en Afganistán, y los militantes del Isis que destruyeron Palmira. En todos estos casos se trató de intervenciones deliberadas cuyo objetivo era erradicar para siempre la memoria de un pasado más complejo que el que los nuevos amos querían contar. Pero por dramáticos y violentos que sean, no dejan de ser fenómenos circunscritos en el tiempo.

Totalmente distinto es el episodio de cultura de la cancelación que duró al menos dos siglos y «canceló» gran parte de ese mundo griego y romano que hoy celebramos con tanta pasión. No fueron solo terremotos e incendios, ni el lento paso del tiempo, lo que derribó estatuas y destruyó manuscritos. Todo lo contrario. Demasiadas veces tendemos a olvidar la aportación de los cristianos, pues fueron ellos quienes más activamente acabaron con el impío pasado de griegos y romanos. El Partenón (que sigue en pie de milagro, después de que el veneciano Morosini lo bombardeara en 1687) y el Coliseo son sin duda dos obras maestras de la arquitectura. Pero para los antiguos, estos dos monumentos no estaban a la altura del Serapeum de Alejandría, un edificio del que el historiador Amiano Marcelino afirmó que poseía «tal esplendor que las meras palabras no le harían justicia». Fue arrasado en 392, por orden del obispo cristiano Teófilo: las estatuas, decapitadas; las pinturas, borradas; las columnas, derribadas; las decoraciones, todo. Solo quedó el suelo, observó sarcásticamente otro escritor, «porque era demasiado difícil de retirar». También era una biblioteca, y con su destrucción se perdieron para siempre decenas de miles de libros[10]. «La quema de libros forma parte de la cristianización», comentó una vez Luciano Canfora[11]. Al fin y al cabo, estos fieles vestidos de negro y con largas barbas, que iban por ahí armados con palos y bastones, ¿no habían leído en la Biblia que Dios había ordenado a su pueblo elegido derribar altares, quemar bosques sagrados y arrancar efigies de otras deidades?[12] «Que sea eliminada toda superstición de paganos y gentiles. Es voluntad de Dios, Dios lo ha ordenado, Dios lo ha establecido» (san Agustín).

Al igual que hoy, la misión estaba más que justificada, ya que se trataba de salvar de ideas impías e inmorales las almas puras de personas inocentes; aunque se actuaba con más firmeza, eso seguro, y se hacía de un modo mucho más decidido, yendo mucho más allá de la prohibición del libro de Ana Frank o la demolición de la estatua de Cristóbal Colón. Siglos más tarde, un viajero árabe escribiría:

Durante los primeros tiempos del imperio Rum, las ciencias fueron honradas y gozaron de respeto universal. Desde unos cimientos ya tan sólidos y grandiosos, alcanzaban nuevas cimas cada día, hasta que la religión hizo su aparición entre los Rum. Fue un golpe fatal para el edificio del conocimiento; sus huellas desaparecieron y sus descubrimientos fueron eliminados [cancelados][13].

Se trata de un caso de éxito (casi total) de cultura de la cancelación, y eso que, junto a la antigüedad grecorromana, el cristianismo se considera el segundo pilar de la tradición occidental.

Son cuestiones complejas, se podría objetar, que no pueden resolverse con unos cuantos golpes de efecto basados en el comportamiento de algunos fanáticos. Y es verdad: se trata de cuestiones complejas que no pueden resolverse con unos cuantos golpes de efecto basados en el comportamiento de algunos fanáticos. Esto es así para el cristianismo, pero también lo es para los debates más recientes. Deberíamos tenerlo en cuenta. En las secciones segunda y tercera hemos analizado dos formas distintas, opuestas pero complementarias, de abordar y apropiarse del pasado. La cuestión es especialmente delicada cuando lo que está en juego no es el pasado entendido genéricamente, sino el pasado de la tradición europea y occidental, una tradición cada vez más contestada. Pero ¿tenemos claro cuál es esa famosa tradición europea y occidental? ¿O cada cual recurre a sus propios fantasmas, como de costumbre? Es necesario hacer algunas aclaraciones.

4. Occidente y el resto

La historia no se desata
como una cadena
de anillos ininterrumpida.
En cualquier caso,
muchos anillos no aguantan [...].
La historia no es tampoco
el devastador acantilado que se dice.
Deja túneles, cuevas, huecos
y escondites. Hay quien sobrevive.

E. MONTALE, *La historia*

Como suele ocurrir, tanta confusión podría deberse a que no está claro de qué se está hablando. De primeras, todo parece sencillo: lo que está en tela de juicio, y es objeto de críticas indignadas o de defensas apasionadas, es nuestro pasado, la tradición europea y occidental. Pero lo cierto es que esta tradición no tiene nada que ver con el monolito del que muchos creen que están hablando, ya que es exactamente lo contrario, como se tratará de demostrar en esta sección. Tendemos a pensar que las tradiciones, y la nuestra en particular, son entidades fijas y naturales que han vivido inalterables a través de los siglos, pero no es así. ¿Cuáles son los elementos constitutivos de la tradición europea y occidental?

La respuesta es siempre la misma: los pilares son Grecia y Roma por un lado, y el cristianismo por otro. Ahora bien, el análisis de estos tres componentes revelará una situación complicada y escurridiza. Esto se debe a que la idea de una tradición europea y occidental que se origina en Grecia (y en Roma) y se enriquece (y encuentra su forma definitiva) con la llegada del cristianismo se fue desarrollando en una época relativamente tardía, en un contexto político y cultural preciso. Anteriormente, la situación era mucho más fluida, con formas distintas y alternativas de organizar el pasado[1].

Empecemos por el mundo antiguo, griego y romano, en el que parece que todo comienza. Como vimos en la sección anterior, se trata de una referencia que puede resultar muy equívoca, pero no porque la antigüedad grecorromana no haya ejercido una influencia duradera a lo largo de los siglos, claro está (a nadie se le ocurriría negarlo), sino porque el énfasis en esta combinación exclusiva (los griegos y los romanos contra todo lo demás: he aquí el fundamento de la civilización occidental) es lo que resulta cuestionable. Desde luego, no lo pensaban así los griegos, que, al sentirse tan distintos de los pueblos occidentales como de los orientales[2], rara vez se consideraron afines a la civilización romana (y entre Oriente y Occidente, fue sin duda al primero —Egipto, Fenicia, Persia— al que miraron con más respeto).

Los romanos, por su parte, que tenían que ocuparse de un imperio multiétnico, no prestaron especial atención a las supuestas afinidades con el mundo griego. Se trata, de nuevo, de un tema complejo: estamos hablando de civilizaciones milenarias que se intersecaron durante mucho tiempo, y evidentemente no faltaron emperadores filohelenos, desde Nerón hasta Adriano. La cultura griega desempeñó sin duda un papel preponderante (que no entraría en crisis hasta la Antigüedad tardía, con la llegada del cristianismo)[3]. Pero es difícil encontrar un imperio menos sensible que el romano al ideal de pureza racial o cultural, una vez que todos hubieron reconocido su papel de guía universal; pensemos, por ejemplo, en los numerosos cultos orientales (que casi siempre encontraron una acogida benévola), desde Isis hasta Mitra o Cibeles. Y no menos indicativo es el origen de tantos emperadores[4]. Los detractores de esta sociedad pragmática y multicultural (por ejemplo, Juvenal, en la *Sátira III*) no fueron pocos, pero muchos más estaban de acuerdo con ideas como las que expresó el historiador Livio al observar que la población originaria de Roma estaba compuesta por una masa de inmigrantes procedentes de todos sitios y que era precisamente esta apertura la que allanaba el camino para el futuro éxito de la ciudad (Livio, I, 5-6). Por más que les pese a los que en 2019 se indignaban porque, en un vídeo de la BBC, un soldado romano que vivía cerca del Muro de Adriano (en el norte de Inglaterra) era de origen africano. Así eran las cosas en aquella época, aunque muchos no quieran creerlo porque prefieren aferrarse a sus convicciones[5]. El Imperio romano no era blanco en cuanto a raza, europeo en cuanto a geografía ni occidental en cuanto a cultura. Es más, desde un cierto momento en adelante, se da una tendencia hacia Oriente, como indica el caso sintomático de Constantino: aclamado emperador en Britania, ubicada en los confines occidentales del Imperio, Constantino traslada la capital al extremo opuesto, el Bósforo (Bizancio/Constantinopla/Estambul), y se convierte en el primer emperador cristiano, es decir, instala una religión oriental en el corazón del Imperio. Al fin y al cabo, la base de la ideología imperial fue, desde el principio, la referencia al origen troyano, es decir, a los enemigos de los griegos, ¡los orientales!

De modo significativo, y esto también es elocuente, la idea de una herencia troyana, y no griega, se mantuvo muy viva durante los siglos medievales, cuando se rechazó la tradición griega bajo el manto del cristianismo ortodoxo. Los que reclamaron un vínculo privilegiado con los griegos en esos siglos —aparte, evidentemente, de los bizantinos— son varios pensadores islámicos (como Al-Kindi en el siglo IX). Todo ello da lugar a una situación paradójica: mientras que la referencia al mundo griego es lo que define la tradición europea y occidental, se produce un inesperado acercamiento al mundo islámico, que a su vez se declara gustosamente heredero de aquel mundo[6]. Es broma, pero hasta cierto punto, porque, dejando a un lado la hostilidad de fondo entre el mundo islámico y el cristiano, los cruces e intercambios —de ideas, personas, libros, armas, bienes— fueron constantes e influyeron en ambas culturas (pensemos, por ejemplo, en el redescubrimiento cristiano de Aristóteles en el siglo XIII, que solo fue posible gracias a la mediación de los grandes comentadores islámicos, y especialmente Averroes).

Los bizantinos, entretanto, no dejaban de recordarle al mundo que ellos eran los herederos del Imperio romano —o mejor dicho, ellos eran el Imperio romano— frente a las infundadas pretensiones de los europeos recién llegados con su Sacro Imperio Romano Germánico; y tenían razón, todo sea dicho. En 476 d. C., el año de la deposición de Rómulo Augústulo por obra de Odoacro, no termina nada: simplemente, los bárbaros ocupan la parte occidental del Imperio. Pero la parte oriental, la más próspera e importante, seguiría existiendo con distinta suerte durante otro milenio. Lo decisivo en aquellos siglos, se podría replicar, es más bien el cristianismo: la idea de Europa empieza a cobrar forma por oposición al islam, no solo como unidad geográfica, sino también como idea política y cultural (una de las primeras apariciones del término «europeo» se remonta al año 754, en una crónica latina de la batalla de Poitiers, cuando se llama *europenses* a los cristianos que derrotaron a los ejércitos musulmanes)[7]. Pero durante mucho tiempo, hasta el cisma entre Roma y Bizancio, acaecido en 1054, el cristianismo sigue siendo un fenómeno mediterráneo, floreciente y presente mucho más allá de los confines europeos. Por otra parte, este nuevo esbozo de unidad cristiana europea seguirá excluyendo a los griegos durante mucho tiempo, manteniendo una relación ambigua con los latinos (ya que, como acabamos de ver, el Imperio sigue floreciendo en Oriente). Europa es la tierra de los bárbaros, de estos nuevos pueblos que, llegados (como siempre) de Oriente, reducen a los ciudadanos romanos del Imperio a un papel subordinado. No es exactamente la historia que estamos acostumbrados a escuchar hoy en día. Al fin y al cabo, nos guste o no, ¡el cristianismo es una religión oriental!

Es más, tampoco deberíamos pasar por alto el hecho de que la idea de una oposición entre el cristianismo y el islam no ha de darse por descontada. Es una opción posible (y muy extendida), pero no la única. El islam es una religión monoteísta basada en un texto sagrado y dispuesta a reconocer la importancia de varias figuras sagradas de origen bíblico: las afinidades entre el cristianismo y el islam no son ciertamente menos significativas que las diferencias. Esto es lo que pensaban grandes intelectuales como Nicolás de Cusa o Pico della Mirandola, y lo que parecía dar a entender hasta uno de los mayores papas de la Iglesia católica, Pío II (Enea Silvio Piccolomini), que en 1461 le escribió una carta a Muhammad II, conquistador de Constantinopla y fundador del Imperio otomano, para proponerle que se pusiera a la cabeza de la comunidad cristiana (si bien sometiéndose a la autoridad papal, obviamente)[8]. Así pues, Pío II le ofreció a Muhammad II el título de emperador romano[9], una propuesta que, aunque pueda parecer extraña, solo lo es en apariencia (y que en realidad dependía de las problemáticas relaciones del papa con los soberanos cristianos), ya que se partiría del supuesto de una posible convergencia entre las dos religiones (de hecho, el islam se considera una variante herética del cristianismo, lo que podría permitir una recomposición pacífica).

La conquista de Constantinopla, que tiene lugar el 29 de mayo de 1453, es sin duda un momento decisivo, un punto de inflexión que propicia el florecimiento de la civilización humanística y renacentista: los manuscritos procedentes de las bibliotecas de la capital bizantina conquistada por los turcos despiertan de nuevo el interés por la literatura y el pensamiento griegos, y entonces es cuando cobra forma la idea de un vínculo entre griegos y latinos en el contexto de una Europa cristiana.

Pero la inclinación por los griegos no significa necesariamente una oposición a Oriente: para muchos autores renacentistas, el redescubrimiento del mundo griego es un puente que conduce a la sabiduría oriental, no un muro que protege y aísla (y, de hecho, en la Escuela de Atenas de Rafael están también Averroes y Zoroastro, no solo Sócrates, Platón y Aristóteles)[10]. En resumen, la relación con el propio pasado siempre ha sido una cuestión delicada para todas las civilizaciones; aun así, durante siglos la idea de una especificidad grecorromana siguió siendo menos central de lo que tendemos a pensar.

Así llegamos al punto decisivo. La oposición con Oriente, que constituye el momento fundacional de la ideología euroccidental, cobrará forma más tarde, entre los siglos XVII y XVIII, hasta llegar a imponerse definitivamente en el siglo XIX. Antes, con todas las precauciones que ya hemos mencionado, esta oposición había funcionado en términos de enfrentamiento entre el cristianismo y el islam. Pero, como hemos visto, el cristianismo, al ser también la religión oficial del Imperio bizantino, solo consiguió definir parcialmente una identidad europea y exclusivamente europea (el mismo problema que encontraríamos al hablar de Rusia, con su ideología neoimperial y su pretensión de ser la heredera del Imperio bizantino: Moscú como la tercera Roma). La oposición entre Occidente y Oriente no adquirirá toda su importancia, política, cultural e ideológica, hasta el siglo XIX. Fue entonces, al tiempo que las naciones europeas controlaban gran parte del globo, cuando la idea de una separación entre Occidente y Oriente penetró en el imaginario colectivo, con la progresiva exaltación de las raíces grecorromanas (además de cristianas) como fundamento de la civilización occidental. Sin embargo, el carácter instrumental de esta oposición es evidente.

En primer lugar, por el carácter absolutamente opaco y genérico de ambos términos: al cubrir un área temporal y geográfica que se extiende desde Egipto hasta Japón, y abarcar mundos tan distintos como China y Persia o las tradiciones semíticas e indias, «Oriente» es un término que representa todo y nada. Amartya Sen ha escrito: «La tentación de considerar Asia como una unidad revela en realidad una perspectiva típicamente eurocéntrica. Tan solo una generalización muy audaz puede acumular tantos pueblos en un solo grupo»[11]. Es difícil rebatir esta afirmación. De hecho, «Oriente» no es más que una connotación negativa: Oriente es simplemente lo que no encaja en la categoría de Occidente. Es una construcción ficticia, que, además, no es neutral en absoluto: puesto que sirve para definir lo que no somos, se transforma en una serie de estereotipos y prejuicios, con todo ese lastre de sensualidad, languidez, crueldad y sustancial irracionalismo que se convierte en lo característico del mundo oriental.

Por consiguiente, esta construcción ideológica tiene que tener consecuencias sobre el otro elemento de la oposición. Si Occidente se forma *per differentiam*, en oposición a un Oriente ficticio[12], entonces la noción de Occidente, al igual que la de Oriente, es una construcción cultural, y no una categoría natural u objetiva: es una construcción cultural que hunde sus raíces en la historia, pero que, al incluir y excluir, sirve también para establecer jerarquías y legitimar relaciones de poder, raciales, políticas y económicas muy concretas. Las clasificaciones nunca son meros ejercicios abstractos o eruditos. De este modo surge la imagen del europeo occidental virtuoso, dueño de sí mismo, templado y racional, todo lo contrario de los orientales, dominados por las pasiones y, en definitiva, irracionales. Es el mito del «milagro griego», que exalta el mundo grecolatino aislándolo de las demás civilizaciones mediterráneas, y es la «carga del hombre blanco»[13], como en el verso tristemente famoso de Rudyard Kipling, que exalta el papel de guía de las naciones europeas en el camino hacia la civilización. ¿Es casualidad que ambas ideas se remonten al siglo XIX?

Es el final de un largo recorrido. A lo largo del siglo XIX, varias naciones europeas (Gran Bretaña y Francia en particular) controlaron una gran parte del globo, ejerciendo una hegemonía no solo política y económica, sino también cultural. Evidentemente, esta hegemonía no es ficticia, sino expresión de un mayor desarrollo de estas sociedades en comparación con otras, que trastocó por completo las relaciones de poder anteriores (cuando dominaban los árabes o los turcos). Este contexto, en la época de las conquistas coloniales, es claramente el lugar de incubación ideal para la gestación de la idea de una especificidad occidental. Pero esta idea —y esto es lo más interesante, vale la pena repetirlo— no solo sirve para separar o distinguir, sino también para justificar y dominar. Porque, ante la constatación de una superioridad tecnológica y política objetiva, se impone también la convicción de una superioridad moral e intelectual (y racial, a partir de un cierto momento), que a su vez allana el camino a la tesis de que los valores occidentales son *los valores* por excelencia. Los valores occidentales son los únicos posibles: son valores universales que trascienden el tiempo y el lugar y que deben difundirse (o imponerse) en todas partes, cueste lo que cueste:

> Llevad la carga del hombre blanco
> y recoged su vieja recompensa,
> el reproche de los que son mejores,
> el odio de los que protegéis,

el llanto de las multitudes que conducís
(poco a poco) hacia la luz.

En otras palabras, solo queda una civilización. A las demás no les queda más remedio que adaptarse.

Luego, el mundo cambió.

5. Occidentes, Orientes

Y ahora, sin bárbaros, ¿qué será de nosotros?
Era una solución, aquella gente.

C. CAVAFIS, *Esperando a los bárbaros*

El que se trata de discursos explosivos quedó claro para todos en Ratisbona el 12 de septiembre de 2006, cuando Benedicto XVI (Joseph Ratzinger) citó a un erudito bizantino y con ello provocó explosiones de ira en todo el mundo musulmán. Desde luego, aquello no era lo que el nuevo papa se esperaba. De vuelta a la universidad donde había dado sus primeros pasos, Ratzinger pronunció un discurso de alto nivel, una reflexión sobre el legado occidental para reivindicar la importancia del cristianismo en un momento en el que esta última estaba cuestionándose. Pero al hacerlo, estaba tan concentrado en reflexionar sobre su tradición que se le escaparon algunos comentarios imprudentes sobre el mundo islámico (el otro, Oriente, como siempre), lo que desencadenó toda una serie de reacciones extremadamente violentas a causa de unas desafortunadas alusiones a un vínculo entre el islam y la violencia (si bien indirectamente, ya que Ratzinger no apoyó de forma explícita la idea, sino que se limitó a citar las palabras de un sabio emperador bizantino).

Durante las semanas que siguieron, mientras la polémica ardía cada vez con más violencia, Ratzinger insistió repetidamente en que el centro de su discurso no era la supuesta identificación entre islam y violencia (eran años delicados, en los que el recuerdo de las Torres Gemelas seguía vivo y los atentados terroristas eran muy frecuentes). En el fondo, tenía razón. Por decirlo de algún modo, el problema de su discurso no era tanto la islamofobia como el filohelenismo.

La cita del sabio emperador bizantino que tanta polémica había suscitado no había sido más que una introducción que servía para excluir una opción, mostrando la necesidad de su opuesto: no puede haber relación entre Dios y la violencia porque Dios es la razón. Y ahora que los extras (los islamistas que no prestaron la debida atención a la razón) habían abandonado el escenario, los dos protagonistas hicieron por fin su entrada. El primero apenas necesita ser mencionado: hablamos de razón, *logos*, lo que evidentemente nos lleva a los griegos. En cuanto al segundo, habría que comprobar su grado de adhesión al pensamiento griego:

La convicción de que actuar contra la razón está en contradicción con la naturaleza de Dios, ¿es solamente un pensamiento griego o vale siempre y por sí mismo? Pienso que en este punto se manifiesta la profunda consonancia entre lo griego en su mejor sentido y lo que es fe en Dios según la Biblia[1].

El segundo protagonista es, por tanto, el cristianismo (la referencia era obviamente al Evangelio de Juan), precisamente porque, más que ningún otro sistema de pensamiento, supo hacer suya la instancia racional del pensamiento helénico desarrollando la idea de un «Dios verdaderamente divino [...] que se ha manifestado como *logos* y ha actuado y actúa como *logos*». Las consecuencias, explica Ratzinger, son importantes, pues no conciernen solo a la historia de las religiones, sino a la «historia universal»: «Este encuentro, al que se une sucesivamente el patrimonio de Roma, creó a Europa y permanece como fundamento de lo que, con razón, se puede llamar Europa».

Sería difícil encontrar un texto que elogie más claramente la esencia de la civilización europea y occi-

dental tal y como se percibe hoy en día: una civilización que ha hecho del *logos*, la razón, su estrella
polar y que precisamente por eso ocupa una posición central en la historia de la humanidad. La confianza que ha depositado en la razón ha tenido efectos de inestimable importancia en esa historia. Por
eso ha asumido legítimamente un papel de guía
para todos a lo largo de los siglos.

El discurso de Ratzinger solo es ejemplar por su
ambigüedad, puesto que no está nada claro en qué
consiste realmente la «esencia» de esta civilización
europea y occidental. De hecho, actualmente hay
muchas personas que, conscientes de la lección de
la Ilustración, difícilmente se reconocerían en la tesis de Ratzinger de una reconciliación entre razón y
fe. Porque, en realidad, lo que el papa pretendía era
más bien la subordinación de la primera a la segunda (tesis bien arraigada en el marco doctrinal de la
Iglesia católica)[2]. En definitiva, el discurso intenta
mantener unidas dos tendencias que no pueden re-
componerse fácilmente en una unidad: por un lado,
la herencia cristiana y la autoridad de la Revelación,
tan importantes sobre todo en los siglos medievales, y por otro, la tradición de la filosofía griega y el
pensamiento crítico, cuyas herederas serán la cien-
cia moderna, la Ilustración y la Revolución francesa. No son lo mismo y es cuestionable que puedan

mantenerse unidas. En resumen, lo que el discurso de Ratzinger muestra claramente es la falta de unidad de la tradición europea y occidental.

No son episodios casuales. Al fin y al cabo, Ratzinger estaba reaccionando precisamente a un cambio de sentido y de valores que también confirma claramente el progresivo desplazamiento, en absoluto neutral, de «europeo» a «occidental». La entrada en escena, cada vez más decidida, de Estados Unidos ha hecho que resulte inadecuado el adjetivo «europeo» por sí solo, y no solo desde el punto de vista geográfico. Pero la nueva centralidad del adjetivo «occidental», especialmente en los años de la Guerra Fría, no está exenta de consecuencias. Con el siglo XX americano, nuevos valores se fueron imponiendo progresivamente como valores distintivos de esta tradición «occidental»: sobre todo, los liberales —democracia, autonomía individual, libertad—, que ya estaban presentes en Europa (pensemos en la Ilustración y el estímulo que ejercieron la Revolución francesa y la americana), aunque fueran difícilmente compatibles con un credo religioso[3].

Y de nuevo se plantea la misma pregunta: ¿a qué nos referimos cuando hablamos de la tradición europea y occidental? El carácter de esta tradición, ¿lo definen los valores comunitarios del cristianismo, tan centrales durante tantos siglos, o los liberales, decisivos en los años de la Guerra Fría contra el comunismo, que ponen en el centro la autonomía, la tolerancia y la libertad de los individuos? La defensa de los primeros dominó la historia europea durante mucho tiempo; los segundos pasaron a desempeñar un papel cada vez más importante tras la Revolución francesa, y aún más con el auge de los Estados Unidos: hasta entonces, nunca habían gozado de una especial importancia ni la democracia ni el progreso científico. ¿Y hoy? Pensemos, por ejemplo, en el reciente debate sobre la familia, que tanta polémica está suscitando por doquier. ¿Qué representa de un modo más legítimo la tradición europea y occidental: la defensa de la familia tradicional o los nuevos modelos liberales, no necesariamente basados en parejas heterosexuales? ¿Qué es, entonces, esta tradición europea y occidental?

Las dudas y perplejidades no surgen exclusivamente en el interior de esta tradición, y aún más urgentes son los retos que vienen de fuera, entre cambios repentinos. En el nuevo mundo globalizado, el bloque occidental ha dejado de ocupar la posición hegemónica que tuvo hasta mediados del siglo pasado y se ha convertido en una provincia, como observó Dipesh Chakrabarty en un ensayo muy influyente[4], en el sentido de que ya no todo se mide por lo que ocurre en Europa o Estados Unidos: el escenario de la historia se ha enriquecido con muchos protagonistas nuevos que no necesitan nuestros esquemas conceptuales. Así, en una constante amalgama, los principios y valores de la tradición europea y occidental también se hallan ahora en tela de juicio.

El caso del mundo antiguo griego y romano es ejemplar, incluso en este nuevo contexto. El mundo está cambiando, y mucho. No es que antes las cosas fueran de otra manera: somos seres humanos, no plantas, y por eso nos desplazamos. Lo hemos hecho y siempre lo haremos, y el desplazamiento comporta riesgos y posibilidades, oportunidades de encuentro y confrontación. En este nuevo mundo, con sus desplazamientos masivos de millones de personas, ¿cuál es el papel de los griegos y los latinos? Durante dos siglos, entre el XIX y el XX (y en parte antes, entre el Humanismo y el Renacimiento), los griegos (y los romanos) constituyeron la cúspide de las posibilidades humanas. No solo ofrecían una idea de ser humano, sino que representaban el ideal mismo de lo que es el ser humano, y desde todos los puntos de vista, corpóreo (el ideal de belleza) y espiritual (el ideal de razón). ¿Qué tienen que decir hoy, en un mundo cambiante? ¿Qué tienen que decir estos clásicos hoy, a mundos que ya no viven su relación con las potencias occidentales de forma subordinada (los países de Asia, por ejemplo) o a los hijos de inmigrantes de segunda y tercera generación que ya forman parte del tejido social y cultural de nuestros países?

«Un cuerpo hermoso, cuanto más blanco, más hermoso», escribió el hombre que inventó el ideal de la belleza griega, Johann Joachim Winckelmann. ¿Y hoy?

No se trata, naturalmente, de cuestiones meramente estéticas. El problema se presenta en toda su complejidad cuando nos damos cuenta de que detrás de las ideas abstractas se esconden en realidad perspectivas mucho más concretas y humanas («Donde los demás ven ideales yo solo veo lo que es humano, demasiado humano», dijo Friedrich Nietzsche). Las ideas abstractas siempre se traducen en imágenes concretas. No existen los seres humanos en general. Cuando decimos «ser humano», en nuestra mente se forma una imagen muy precisa de lo que para nosotros es idealmente el ser humano, con un cierto color de piel, con un sexo determinado, etcétera. Para las personas de la Antigüedad (o, en todo caso, para los que fueron elegidos para representar ese mundo, como Aristóteles, por ejemplo), el ser humano es esencialmente un varón, ciudadano y aristocrático (también se podría añadir blanco, pero sería una distorsión, ya que se trata de una idea totalmente moderna; los griegos y los romanos no eran conscientes de ser blancos)[5]. He aquí el punto de referencia de la tradición europea y occidental. ¿Qué tienen que decir este ideal humano —«universal» pero en realidad muy «particular»— y el estilo de vida que se le asocia a las mujeres, a quienes no viven en democracia, a los que trabajan para ganarse la vida, es decir, prácticamente a todos?

En el fondo, las reacciones que se han descrito en la segunda parte, genéricamente agrupadas bajo el epígrafe de *cancel culture* o cultura de la cancelación, surgen de estos cambios. Y aunque a menudo sean grotescas en sus manifestaciones concretas, como hemos visto, tienen el gran mérito de plantear la cuestión, una cuestión realmente interesante. Se arriesgan a rozar lo ridículo, pero son mucho más prometedoras que las defensas a ultranza de los eternos valores occidentales, precisamente porque plantean la cuestión más importante: ¿qué tienen que decir los valores europeos y occidentales hoy, en este nuevo mundo?

A la espera de encontrar una respuesta (tarea nada fácil), vale la pena reiterar dónde está el *quid* de la cuestión. Lo que importa no son solo las respuestas, sino también la propia pregunta: todo gira en torno a la cuestión del universalismo, la posibilidad de definir un conjunto de criterios y perspectivas comunes con los que seres humanos de todas las latitudes puedan interactuar y dialogar. No es sencillo. Se puede estar de acuerdo en que la autoafirmación del mundo occidental de ser el portavoz de estos valores universales dista mucho de ser indiscutible. Pero el problema persiste, aun si se decidiera dejar de lado las soluciones occidentales. No parece que se vislumbren soluciones alternativas en el horizonte, sino más bien que avanzamos hacia una pluralidad de perspectivas. Y esto nos lleva a la cuestión de fondo. ¿Es posible, o incluso deseable, buscar puntos de referencia comunes que permitan el diálogo entre mundos y civilizaciones diferentes y que ya no están subordinados, o no es posible y es mejor prepararse para actuar en un multiverso (por parafrasear a Carl Schmitt), renunciando a cualquier intento de reunificación? Pese a todas las críticas posibles, hay que reconocer que la toma de consciencia del problema, y la confianza en la razón como medio para encontrar una posible solución, sigue siendo un propósito apasionante.

Este es, básicamente, el problema de los derechos humanos: al hablar de ellos, todo el mundo, o casi, reconoce su importancia, pero nadie parece ser capaz de decir cuáles son, de forma que se pueda convencer a los demás[6]. Y mientras tanto, crece el número de quienes rebaten su pretendida universalidad, denunciando su origen occidental. Se reivindican para todos, pero solo expresan el punto de vista de algunos (los occidentales, como de costumbre), denotando la lógica imperialista habitual.

La libertad es un concepto que presupone un juicio de valor y que se expresa en condiciones y de formas distintas de una sociedad a otra. Considerar la obra de un estudioso en concreto que representa una cultura en concreto que para muchos, en la historia reciente, se halla vinculada a la represión y la explotación de una gran parte del mundo y elaborar un índice que debería ser aplicable a todas las sociedades y todas las culturas es de una falta de sensibilidad inaceptable[7].

Así se expresaba en 1991 el ghanés Kofi Awoonor cuando, al hablar en nombre del Grupo 77, criticaba el Índice de Libertad Humana, un índice promovido por Naciones Unidas que utilizaba cuarenta criterios para definir la libertad humana y clasificaba a los Estados en función de ellos. ¿Algún ejemplo de estas prevaricaciones «occidentales»? Los derechos de la mujer o la libertad concedida a los homosexuales, que en muchos países de África y Oriente Medio siguen en situación de ilegalidad (el problema es mucho más amplio y afecta también a los países occidentales cuando se consideran cuestiones más concretas, desde el matrimonio hasta la posibilidad de alistarse en el ejército). Más recientemente, incluso la propia Declaración Universal de los Derechos Humanos ha sido objeto de ataques, tachada por varios Estados (no precisamente democráticos) de mera expresión del imperialismo occidental. Da la sensación de que estamos avanzando hacia una fragmentación cada vez mayor, perdiendo la capacidad de dialogar, renunciando a la posibilidad misma de la confrontación. Parecen dinámicas similares a las que observamos en el seno de la sociedad occidental, pero en el gran escenario de las relaciones internacionales.

Nada indica que ya se haya dicho la última palabra sobre estos problemas. Como reacción a estas réplicas particularistas se producen asimismo reacciones opuestas, que buscan reivindicar el valor de este legado: el hecho de que tales derechos se hayan concebido en un periodo y un contexto específicos, el europeo y occidental, no invalida necesariamente su valor, limitándolo automáticamente a una perspectiva particular: «Es un insulto a la dignidad y la libertad de los individuos de todo el mundo considerar, como muchos tienen hoy la tentación de hacer, que los derechos humanos y las normas cosmopolitas —como la prohibición de los "crímenes contra la humanidad"— son producto únicamente de las culturas occidentales y que no pueden extenderse a otros pueblos y culturas del mundo», escribió Seyla Benhabib[8]. No menos incisivos fueron en 1995 los autores de *Our Global Neighbourhood*, el informe de la Comisión de la ONU sobre la Gobernanza Mundial. Ciertamente reconocían que estas ideas habían sido desarrolladas «en Europa por juristas europeos para servir a fines europeos» y «promover la expansión occidental», pero también reiteraron que estos valores habían dado lugar no solo a un concepto universal de la persona, libre de autodeterminarse, del que ahora es difícil desprenderse, sino también a la idea de un derecho común a regular las relaciones entre Estados; y también es difícil prescindir de esta idea en el nuevo mundo globalizado[9]. La discusión continúa, oscilando entre la reivindicación de valores comunitarios que estiman muchas tradiciones no occidentales (los llamados «valores asiáticos», por ejemplo) y la defensa de los derechos individuales.

¿Qué podemos hacer? ¿Sigue siendo posible encontrar un terreno común entre las necesidades de la comunidad y las del individuo? ¿De verdad tenemos que renunciar al sueño ilustrado de intentar conciliar las diferencias con la ayuda de la razón? Mientras tanto, quizá podríamos plantearnos trayectorias alternativas. En lugar de obstinarnos en la oposición entre Oriente y Occidente, dos categorías tan amplias que corren el riesgo de no significar nada, podríamos tratar de considerar las tensiones internas de las distintas tradiciones; y esto vale tanto para la civilización europea y occidental, como hemos visto, como para las de otros lugares, desde China hasta la India y África. La verdadera pluralidad no se da entre culturas diferentes, sino dentro de cada una de ellas. Del mismo modo que en China se debate sobre la herencia confuciana y su compatibilidad con la racionalidad capitalista, habría que dejar de ver a la India única y exclusivamente como la «cuna de la espiritualidad», ya que fue precisamente en esas regiones donde se formó una de las literaturas materialistas y ateas más radicales[10]. En definitiva, las tensiones respecto a las líneas ideológicas dominantes no se producen únicamente en el mundo europeo y occidental (en el caso de países como China, convergen en la reivindicación de valores comunitarios, los llamados «valores asiáticos», en oposición a los valores occidentales, con una visión estereotipada de Occidente). Hay muchos Orientes, al igual que hay muchos Occidentes, todos comprometidos, de diferentes maneras, en un intento de negociar las coordenadas de un terreno común, en busca de principios universales, o al menos compartidos[11]. La batalla por la razón no es una batalla entre Occidente y Oriente, entre «nosotros» y «ellos»; es entre los que confían en la inteligencia humana y los que dudan de ella (quizá con razón, esto también es un problema). Se trata de dos bandos muy extendidos en todas las latitudes.

A veces, recomponer las piezas de nuestro pasado sirve para comprender mejor dónde nos encontramos.

Una breve digresión. Se podría objetar que estos son discursos demasiado elevados, porque lo que define a las civilizaciones o tradiciones es más bien un conjunto de hábitos o prácticas cotidianas. Sin embargo, aun en ese caso, no cambiaría mucho, y basta un simple ejemplo para demostrarlo. Si hay algo de lo que los italianos están orgullosos, es de su cocina. La pizza: he aquí algo que define a Italia mejor que el latín, que ya casi nadie estudia, o el credo de la Santa Iglesia Romana y Apostólica, cuyo significado ya nadie entiende. De forma muy banal se podría observar que la pizza solo ha llegado tan alto en el imaginario colectivo italiano en los últimos tiempos. Hace un siglo, y quizás hasta los años cin-

cuenta, la pizza e incluso la pasta eran platos locales, del sur. Ningún ciudadano de Milán, acostum-
brado a una dieta esencialmente a base de arroz,
habría pensado en reconocerle valor identitario al-
guno a estos alimentos[12]. Pero hoy, gracias a una
mayor circulación de mercancías, ya hay otros productos que están entrando a formar parte de la dieta de los italianos de un modo cada vez más estable.
Quién sabe cuáles serán los alimentos típicos dentro de cien años.

Independientemente de la perspectiva que se
adopte, el resultado no cambia. Tendemos a genera-
lizar, cayendo en el mito del esencialismo, es decir,
en la creencia de que las tradiciones o civilizaciones
tienen características fijas o inmutables[13]. Pero lo
cierto es que no. Como ha observado Kwame An-
thony Appiah, las tradiciones no son más que eti-
quetas que se heredan de generación en generación; así, cada generación, más o menos, hereda
una etiqueta con un determinado contenido y la
transmite a las generaciones futuras llenándola de
otro contenido[14]. No se trata de negar la historia, el
pasado ni la geografía. Pero sí de reconocer que las
civilizaciones y las tradiciones son conceptos diná-
micos, intentos de organizar, interpretaciones. Y
como todas las interpretaciones, no dan cuenta de
la realidad en toda su complejidad.

Por eso es tan importante que sigamos reflexionando sobre nuestro pasado, porque hace que podamos comprender mejor de dónde venimos y, lo que es más importante, hacia dónde vamos, y, más aún, quiénes somos y quiénes queremos ser.

6. «Nadie es una hoja en blanco». Pasado, presente, futuro

Todas las voces muertas
que murmuran [...].
Hacen un ruido como de plumas.
De hojas.
De cenizas.
De hojas.

S. BECKETT, *Esperando a Godot*

Pero cada principio
es siempre una continuación
y el libro del destino
siempre está abierto por la mitad.

W. SZYMBORSKA, *Amor a primera vista*

Sospecho que, en todo este embrollo, la filosofía no es inocente y sin mancha. No en el sentido de que Hitler tenga algo que ver con Platón, naturalmente [...]. Diría, más bien, que esta filosofía nunca ha tenido un concepto puro de la realidad política, y no podía tenerlo, puesto que hablaba del hombre obligada por la necesidad y solo trataba la pluralidad de modo incidental.

H. ARENDT, carta a K. Jaspers, 4 marzo 1951

Por muy provocadora que fuera, Hannah Arendt tenía razón: el nazismo también forma parte de la tradición europea y occidental, y hay que tenerlo en cuenta. No era la única que lo pensaba: los nazis habían intentado recuperar el pasado presentándose como los guardianes de Europa, lo que obligó a muchos (sobre todo a los judíos) a cuestionarse el sentido de esa historia. La defensa de Erich Auerbach de la tradición bíblica como fundamento de la literatura europea o la identificación de Ulises con el judío errante mencionada por Theodor Adorno en *Dialéctica de la Ilustración* son dos buenos ejemplos de una resistencia contra el antisemitismo nazi y su reescritura de la tradición europea: la pretensión nazi de «cancelar» a los judíos, no solo físicamente, de una Europa completamente *arianizada*. Podrían añadirse muchos, todos deseosos de responder de un modo u otro a la pregunta más angustiosa, tal como la expresó Leo Strauss en su ensayo *Sobre la tiranía*: ¿cómo era posible no darse cuenta de lo que se estaba gestando?

Pero lo que hace interesantes las reflexiones de Hannah Arendt no es solo la contundencia con la que se posicionó en estos debates. No menos interesante era la intuición que acompaña al reconocimiento de esta crisis, el darse cuenta de que se abren nuevas posibilidades para mirar al pasado con otros ojos. No se trata meramente de liberarse de un pasado perjudicado por la barbarie del totalitarismo, sino más bien lo contrario. La idea reaparece varias veces en sus escritos, a menudo acompañada del enigmático verso de un poeta francés, René Char: «Notre héritage n'est précédé d'aucun testament» (nuestra herencia no está precedida de ningún testamento). La herencia, claro está, era nuestro pasado; y el testamento, la retícula interpretativa de la tradición europea y occidental, de la que hemos hablado largo y tendido, que impone una reconstrucción unidireccional del pasado.

La parábola del nazismo, y de todos los movimientos totalitarios, había deslegitimado *de facto* esa tradición. La reacción más obvia podría haber sido renunciar por completo a una civilización con un desenlace tan catastrófico. En cambio, lo que Hannah Arendt pensaba era que esta crisis por fin liberaba el pasado, por fin hacía posible volver al pasado de forma autónoma. Ya no tenemos guías que nos orienten en nuestras decisiones, pero también somos libres de mirar en todas direcciones. Para Arendt, tras la crisis del totalitarismo, el pasado ya no es una jaula que nos aprisiona, obligándonos a entrar en una historia que no hemos elegido, sino más bien un conjunto de posibilidades. Es como una fuerza de resistencia al presente, que nos muestra posibilidades diferentes, alternativas. Es una fuerza que nos libera de la ilusión de que todo es como nosotros y como nosotros creemos que somos, como si todo hubiera sucedido solo para preparar nuestro advenimiento. La realidad es mucho más rica y diferente de lo que pensamos. Mirar al pasado se convierte así en una oportunidad para aprender a ampliar nuestra mirada.

Irónicamente, Hannah Arendt había desarrollado estas ideas en una confrontación a distancia con su primer maestro. La gran novedad de Martin Heidegger es precisamente el cuestionar toda la tradición filosófica y, con ella, toda la tradición europea. Es el mismo problema del que hemos hablado en las secciones anteriores, pero visto desde la perspectiva más específica de la filosofía. Desde Platón hasta Descartes, los filósofos siempre han razonado y discutido partiendo de un ideal abstracto, y por tanto ahistórico, de la razón y del ser humano. Pero, según Heidegger, se trata de un planteamiento erróneo, porque siempre estamos arraigados en un tiempo y un lugar. No hay seres libres, siempre estamos condicionados, en el sentido de que no podemos prescindir de nuestra historia. Si queremos comprender quiénes somos, debemos reconstruir de dónde venimos, nuestro pasado. Partiendo de esta premisa, Heidegger cae a los pies de Hitler, haciéndose la ilusión de que en el nazismo encontraría la herencia y la salvación de su propia historia como alemán. Una decisión desafortunada. Pero este no era el único resultado posible de las reflexiones de Heidegger: afortunadamente, la semilla de sus reflexiones había estimulado otras que se movían en direcciones distintas.

Hans-Georg Gadamer es un pensador capaz de atesorar las ideas de Heidegger sin caer en sus errores. Sus reflexiones sobre el pasado también merecen atención. El análisis de Heidegger se centraba en el individuo, que intenta encontrar su camino hacia una vida más auténtica, resistiendo al poder conformador de la sociedad. La novedad de Gadamer es la de saber mirar también hacia el exterior, reconociendo la importancia positiva (y no solo corruptora) de las relaciones con los demás en la construcción de nuestro yo, lo cual se aplica tanto a nivel individual como colectivo. Nosotros (independientemente de lo que se entienda por ese nosotros) no somos átomos aislados: nuestras relaciones con los demás también nos «determinan» y hacen que seamos lo que somos. En el fondo, todo es cuestión de «prejuicios», que no son siempre y únicamente negativos, como se repite con tanta frecuencia. Una tendencia constante es pensar que siempre son los demás quienes albergan prejuicios, a menudo irracionales o sin sentido, y es muy fácil olvidar que nuestro punto de vista (el mío, el tuyo) también es relativo. Muchas veces, quienes atacan los «prejuicios» de los demás son esclavos de los suyos. Es inútil engañarse, todos albergamos prejuicios: «El que está seguro de que no tiene prejuicios, luego sufre la fuerza de los prejuicios que lo dominan de forma inconsciente e incontrolada»[1]. El punto decisivo no es la pretensión de una imposible ausencia de prejuicios, sino la voluntad de ponerlos a prueba, de comprobar su validez.

Son reflexiones inspiradoras para quienes quieren comprender nuestra especificidad (somos seres determinados temporalmente, por eso el pasado es tan importante) y una respuesta elocuente para quienes piensan que podemos prescindir del pasado, porque somos libres y el pasado ya no tiene nada que decirnos (hoy son muchos, como veíamos en la primera parte, y ahora volveremos a tratar sobre ello). Por bueno o malo que sea, en realidad es todo lo contrario. La consciencia de un individuo (o de un colectivo) no es un centro autosuficiente, aislado de la realidad que lo rodea, sino que forma parte del mundo, con el que se relaciona gracias al lenguaje. Nuestra comprensión nunca es pura o incondicionada: «Lo que llena nuestra consciencia es siempre una multiplicidad de voces»[2]. Nos hallamos inmersos en una red de significados (los prejuicios, que sirven para orientarnos en el mundo) que nos guían y determinan nuestra pertenencia a una tradición: «Nadie es una hoja en blanco».

Lo que debemos hacer, entonces, es sacar a la luz esos «pre-juicios» para comprender mejor quiénes somos. No podemos borrar la hoja que somos, pero podemos reescribirla, reelaborándola sin cesar. El conocimiento se configura como un proceso fundamentalmente infinito, que se renueva continuamente: el conocimiento de las partes modifica el del todo y viceversa. Se trata de la enésima variante del tema filosófico fundamental del siglo XX, la toma de consciencia de la centralidad del lenguaje, que no es una mera herramienta. Somos nuestras palabras, porque esas palabras determinan la forma en que nos relacionamos con nosotros mismos, con los otros y con todo lo demás. Y estas palabras nunca son entidades abstractas o imparciales, pues tienen una historia, nuestra historia. No entender esto, fingir que el pasado no importa, es un error.

Esto no significa que haya que doblegarse ante el poder del pasado, como si fuera imposible liberarse de su imperio, ni mucho menos. A Gadamer se le ha acusado a menudo de ser demasiado conservador[3]. Puede ser, pero sus análisis también abren otras posibilidades. El pasado también puede ser criticado, del pasado también podemos liberarnos. Pero sin conocer este pasado, sin comprender hasta qué punto nos constituye, nunca podremos entender quiénes somos, ni por tanto decidir qué queremos hacer con nosotros mismos.

No hay ilusión más ingenua[4].

Heidegger fue fundamental en el desarrollo del pensamiento de Hannah Arendt y Hans-Georg Gadamer. Pero no menos importante, y no menos interesante para nosotros en cuanto a las cuestiones aquí tratadas, es otro pensador, Walter Benjamin. Como la propia Arendt reconoció en varias ocasiones, fue precisamente en los escritos de Benjamin donde encontró más claramente expresada su consciencia del fin de la tradición y de las posibilidades que abría este fin[5]. Por fin podíamos volver libres al pasado y sumergirnos en sus profundidades, como los «pescadores de perlas» (este es el título de uno de los ensayos dedicados a Benjamin).

De todos ellos, el texto más interesante es «Sobre el concepto de historia» (1940), un texto tardío que Benjamin llevó desesperadamente consigo cuando trataba de huir de los nazis (aunque fue en vano; Benjamin se quitó la vida una noche de 1940, en la frontera francesa, tras habérsele negado la entrada en España). Polemizando contra una concepción progresista de la historia, tanto desde un punto de vista filosófico (crítica del historicismo) como político (crítica de los modelos socialdemócratas), Benjamin desarrolló la tesis de que una auténtica revolución debía dirigirse hacia atrás, y no mirar hacia delante, es decir, el punto de referencia debía ser el pasado, no el futuro. Es la inversión de la idea marxista de revolución por parte de un marxista excéntrico. No se trata de marchar según el propio tiempo, sino contra él: «Quizá las revoluciones sean el recurso al freno de emergencia por parte de la humanidad que viaja en este tren»[6]. La verdadera revolución, la más importante, no mira «a los descendientes liberados», sino que «se alimenta de la imagen de los antepasados doblegados». La verdadera revolución es la que lucha por reabrir, y mantener abierto, un pasado que los vencedores consideran cerrado y de ellos: «En cada época hay que intentar arrancar de nuevo la transmisión del pasado al conformismo que está a punto de subyugarla»[7].

Mirar al pasado para asumir el ansia de justicia que ha sacudido la existencia de tantos seres humanos: esta también es una opción en absoluto despreciable.

Mientras tanto, surgen nuevos modelos temporales. Junto a nuestro tiempo, el tiempo inmediato de un presente en el que todo está conectado, entra cada vez con más prepotencia en nuestro campo mental otra dimensión, la del tiempo inmenso del mundo, un tiempo capaz de atravesar el muro de los siglos, hacia atrás y hacia delante. Existe el tiempo de la existencia humana y el tiempo (geológico, natural) del mundo, con el que empezamos a medirnos. Es un tiempo que durante mucho tiempo sirvió simplemente de telón de fondo al tiempo de nuestra existencia, pero que cada vez es más difícil dejar de lado. Hemos entrado en el Antropoceno (el impacto del plástico y el hormigón ha cambiado la configuración de la Tierra), y el nuevo tiempo que viene es el del cambio climático. Parecía un telón de fondo neutral para nuestros quehaceres, pero ahora descubrimos que nos afecta de cerca: «La humanidad que creía que se había emancipado del tiempo de la naturaleza se encuentra de nuevo brutalmente arrojada a su lugar»[8]. Son dos regímenes temporales diferentes, el del ser humano y el de la Tierra, en constante fricción entre sí, que estimulan sentimientos contradictorios sobre el futuro, visto a veces como el tiempo del Apocalipsis y a veces como el lugar de la realización de las promesas de un mundo plenamente poshumano (la idea de un ser humano emancipado de la naturaleza). Desde luego, el futuro ya no es lo que era: «No podemos seguir creyendo en el viejo futuro si queremos tener un futuro»[9].

En la era del presentismo, el futuro ocupaba una posición marginal y efímera. Pero entre tanto el futuro se acerca y se cierne cada vez más amenazador: está por venir y ya es presente (el calentamiento global ya está aquí). Y a medida que el futuro cambia (nuestra percepción del futuro), también lo hace el pasado (nuestra percepción del pasado). O más bien, a medida que la cuestión del futuro se hace más acuciante, también lo es la necesidad de recuperar una profundidad, de modo que podamos pensar en nuevos términos sobre nuestra presencia en el mundo. Porque la vieja historia de los seres humanos que conquistan la naturaleza ya no parece aceptable: la historia humana y la historia natural (ya debería haber quedado claro) van de la mano. La mirada vuelta hacia el pasado conserva de este modo su valor, un valor heurístico, en este nuevo contexto. Aunque solo sea porque nos ayuda a comprender cómo hemos podido llegar hasta aquí. Y al ayudarnos a reconstruir nuestro camino, nos permite reflexionar sobre el sentido de lo que ha sido: ¿era inevitable lo que ocurrió o había (y hay) alternativas?[10]

Es la misma idea de Hannah Arendt. Mirar al pasado con toda su riqueza constitutiva hace que aumente nuestra capacidad de comprender el presente e incluso pensar en un futuro que no sea la mera continuación lineal de lo que ya existe. Porque, citando a Ludwig Wittgenstein, el futuro siempre es distinto de lo que pensamos. Tras dos años de pandemia, todos deberíamos tener claro el concepto.

Cada vez que pensamos en el futuro del mundo, nos referimos al lugar en el que estará si sigue avanzando como lo vemos proceder ahora, y no pensamos que el mundo no avanza en línea recta, sino curva, y que su dirección cambia constantemente[11].

Pensar en el pasado es una excelente manera de prepararse para el futuro y empezar a construirlo[12]. Todo lo contrario de lo que sucede con tanta frecuencia hoy en día, cuando parece que una sociedad en constante aceleración ha perdido toda capacidad de visión o planificación y que sigue adelante por pura inercia, sin creer que se puedan cambiar las cosas[13], esperando a que alguien o algo resuelva los problemas en nuestro lugar, de una forma u otra, Mesías o Apocalipsis poco importan ya.

VLADIMIR: Entonces, ¿qué hacemos?

ESTRAGÓN: Nada. Es más prudente.

VLADIMIR: Vamos a ver primero qué nos dice.

ESTRAGÓN: ¿Quién?

VLADIMIR: Godot.

ESTRAGÓN: Claro.

VLADIMIR: Esperemos antes a saber cómo están las cosas.

S. BECKETT, *Esperando a Godot*

Notas

1. El presente

[1] Rosa, H. (2015): *Accelerazione e alienazione. Per una teoria critica del tempo nella tarda modernità*, Turín, Einaudi [(2016): *Alienación y aceleración: hacia una teoría crítica de la temporalidad en la modernidad tardía*, Madrid, Katz Editores]; también es muy interesante Hartog, F. (2022): *Chronos. L'Occidente alle prese con il tempo*, Turín, Einaudi, pp. 244-270 [(2023): *Cronos: Cómo Occidente ha pensado el tiempo, desde el primer cristianismo hasta hoy*, México, Siglo XXI Editores].

[2] Rosa, *Accelerazione e alienazione, op. cit.*, pp. 48-49.

[3] *Ibidem*, pp. 110-112.

[4] Véase Freund, W. (2001): *Modernus e altre idee di tempo nel Medioevo*, Milán, Medusa.

⁵ Koselleck, R. (1986): *Futuro passato*, Génova, Marietti, pp. 309-322 [(1993): *Futuro pasado*, Buenos Aires, Paidós].

⁶ Véanse Harari, Y. N. (2016): *Homo Deus: breve historia del mañana*, Barcelona, Debate y Harari, Y. N. (2018): *21 lecciones para el siglo XXI*, Barcelona, Debate. Una dirección análoga, con observaciones realmente estimulantes, parece seguir Schiavone, A. (2020): *Progresso*, Bolonia, Il Mulino y Schiavone, A. (2022): *L'Occidente e la nascita di una civiltà planetaria*, Bolonia, Il Mulino.

⁷ Kurzweil, R. (2005): *The Singularity is Near. When Humans Transcend Biology*, Nueva York, Viking.

⁸ Véase, por ejemplo, Altini, C. (2015): *Progresso*, Pisa, Edizioni della Normale, pp. 101-161.

⁹ Tondelli, P. V. (1980): *Altri libertini*, Milán, Feltrinelli [(1982): *Otros libertinos*, Barcelona, Editorial Anagrama].

¹⁰ Hartog, *Chronos*, *op. cit.*, p. 250.

2. El juez

¹ Una reconstrucción muy clara de estos temas nos la ofrece en línea Avallone, F. (8 de mayo de 2021): «*Cancel culture*. Dalle origini alla propaganda dell'estrema destra alle farneticazioni in Italia», en *Valigia Blu* (https://www.valigiablu.it/cancel-culture-origini-italia/). Muy útiles e informativos son asimismo Rizzacasa d'Orsogna, C. (2022): *Scorrettissimi. La «cancel culture» nella cultura ame-*

ricana, Bari-Roma, Laterza [(2023): *La cultura de la cance-lación en Estados Unidos*, Madrid, Alianza Editorial] y Carrera, A. (2023): *Sapere*, Bolonia, Il Mulino, pp. 105-142 [(2024): *Saber*, Madrid, Alianza Editorial].

[2] Véase, por ejemplo, la clara opinión de J. K. Rowling, https://www.jkrowling.com/opinions/j-k-rowling-writes-about-her-reasons-for-speaking-out-on-sex-and-gender-issues/; en cuanto a K. Stock, véase: https://www.theguardian.com/world/2021/oct/28/sus-sex-professor-kathleen-stock-resigns-after-transgender-rights-row.

[3] https://www.nbcnews.com/nbc-out/out-news/johns-hopkins-pulls-lesbian-definition-uproar-use-non-men-instead-wome-rcna89307.

[4] Muy interesante, en este sentido, es Fukuyama, F. (2019): *Identità*, Milán, Utet, pp. 121-138 [(2019): *Identidad: la demanda de dignidad y las políticas de resentimiento*, Barcelona, Deusto].

[5] En este caso también son muy útiles las observaciones de Fukuyama: *ibidem*, pp. 118-119 y 125-126.

3. Nostalgia

[1] Sobre el libro de Ana Frank, léase Holpuch, A. (17 agosto 2022): «Texas School District Removes Bible and Anne Frank Adaptation in Back-to-School Sweep», en *The New York Times*; más en general, Rizzacasa d'Or-

sogna, C. (2022): *Scorrettissimi. La «cancel culture» nella cultura americana, op. cit.*, pp. 137-154.

[2] Según un estudio realizado por la fundación Bertelsmann en noviembre de 2018, de las distintas poblaciones europeas, los italianos son los que más añoran el pasado; véase Vries, C. E. de, y Hoffmann, I.: *The Power of the Past. How Nostalgia Shapes European Opinions*, https://eupinions.eu/de/text/the-power-of-the-past/.

[3] Bauman, Z. (2017): *Retrotopia*, Roma-Bari, Laterza, pp. 130 y 148 [(2017): *Retrotopía*, Barcelona, Paidós].

[4] Boym, S. (2001): *The Future of Nostalgia*, Nueva York, Basic Books. Véase también Mordacci, R. (2020): *Ritorno a utopia*, Bari-Roma, Laterza, pp. 109-118. La nostalgia también es un fenómeno de izquierdas, después del muro de Berlín; véase Traverso, E. (2016): *Malinconia di sinistra. Una tradizione nascosta*, Milán, Feltrinelli [(2019): *Melancolía de izquierda: después de las utopías*, Barcelona, Galaxia Gutenberg].

[5] La noticia saltó a la presa italiana y estadounidense; véase, por ejemplo, https://www.ansa.it/sito/notizie/mondo/nordamerica/2023/03/24/usa-mostra-david-di-michelangelo-ad-alunni-preside-cacciata_8e2077f9-2331-4c5d-97ef-fb90598bcc0.html.

[6] Véase, entre tantos otros, Traina, G. (2023): *I Greci e i Romani ci salveranno dalla barbarie*, Bari-Roma, Laterza.

[7] No menos irónica es la presentación de Pegida (Patriotras europeos contra la islamización de Occidente), otro

movimiento de extrema derecha, esta vez alemán, que ha tenido cierto éxito estos últimos años, cuando llama a la acción para defender nuestros valores judeocristianos, y al unir estos dos adjetivos, borra alegremente siglos de prevaricaciones, expulsiones, violencias y muertes; véase Appiah, K. A. (2019): *La menzogna dell'identità. Come riconoscere le false verità che ci dividono in tribù*, Milán, Feltrinelli, p. 208. [(2019): *Las mentiras que nos unen. Repensar la identidad*, Barcelona, Taurus].

[8] Es muy interesante esta recensión de la traducción inglesa de Gardini, N. (2016): *Viva il latino*, Milán, Garzanti [(2017): *¡Viva el latín!: historias y belleza de una lengua inútil*, Barcelona, Editorial Crítica], https://www.bostonreview.net/articles/joel-christensen-loving-latin-end-world.

[9] La profesora es Sarah Bond, de la Universidad de Iowa; véase https://www.insidehighered.com/news/2017/06/19/classicist-finds-herself-target-online-threats-after-article-ancient-statues; https://www.artforum.com/news/classicist-receives-death-threats-from-alt-right-over-art-historical-essay-68963.

[10] Véase Amiano Marcelino, *Historias*, XVI, 12; Eunapio, *Vidas de filósofos y sofistas*, 472. Podemos leer una descripción viva (y a veces excesiva) de la destrucción del Serapeum, y en general de las malas acciones de los cristianos, en Nixey, C. (2018): *La edad de la penumbra: cómo el cristianismo destruyó el mundo clásico*, Barcelona, Taurus.

[11] Canfora, L. (1990): *La biblioteca scomparsa*, Palermo, Sellerio, p. 199 [(1998): *La biblioteca desaparecida*, Asturias, Ediciones Trea].

[12] Deuteronomio, 12:2-3.

[13] El viajero escritor se llama al-Mas'ūdī y aparece citado en Nixey, *La edad de la penumbra*, op. cit., p. 272.

4. Occidente y el resto

[1] Desde este punto de vista, resulta esclarecedor Mac Sweeney, N. (2023): *The West. A New History of an Old Idea*, Londres, Penguin, que cuenta con una amplia bibliografía. También es interesante Febvre, L. (2001): *Europa: la génesis de una civilización*, Barcelona, Editorial Crítica. Evidentemente, consideraciones análogas valen asimismo en el caso de otras civilizaciones.

[2] Véase Aristóteles, *Política*, 1327b.

[3] Es la tesis, interesantísima, de Santo Mazzarino: en la Antigüedad tardía, con la llegada del cristianismo, las diversas culturas locales se hicieron cada vez más independientes de la ideología imperial hegemónica; véase «La democratizzazione della cultura nel "basso impero"», en Mazzarino, S. (1978): *Antico, tardoantico ed era costantiniana*, vol. I, Bari, Dedalo, pp. 74-98.

[4] En otras palabras, recurriendo a un lenguaje anacrónico, podría decirse que el Imperio romano fue multicul-

tural, pero no por ello tolerante (*tolerantia* en el mundo romano significa «soportar tesis erróneas», no «respetar distintos puntos de vista»); véase Nuffelen, P. van (2016): *Penser la tolérance durant l'Antiquité tardive*, París, Cerf.

[5] Véase https://www.corriere.it/cultura/17_agosto_09/bonazzi-mary-beard-britannia-meticcia-dibattito-9052570c-7d1c-11e7-9293-13df2eb6c4db.shtml. Resulta muy interesante, sobre este tema, Otele, O. (2020): *Africani europei. Una storia mai raccontata*, Turín, Einaudi, pp. 17-22 (sobre algunas figuras eminentes del Imperio que tenían orígenes africanos, de Septimio Severo a Frontón o Apuleyo); en cuanto al mundo griego, véase Derbew, S. F. (2022): *Untangling Blackness in Greek Antiquity*, Cambridge, Cambridge University Press, donde se explica que el racismo, tal como se entiende en la época moderna, no existía en la Antigüedad, sin que por ello se excluyeran numerosas formas de etnocentrismo (véase también Sassi, M. (1988): *La scienza dell'uomo nell'antica Grecia*, Turín, Bollati Boringhieri).

[6] Appiah, *La menzogna dell'identità, op. cit.*, pp. 215-220.

[7] Véase Levering Lewis, D. (2009): *Islam and the Making of Europe 570-1215*, Nueva York, Norton [(2009): *El crisol de Dios: el islam y el nacimiento de Europa (570-1215)*, Barcelona, Ediciones Paidós Ibérica].

[8] Véase, por ejemplo, D'Ascia, L. (2001): *Il Corano e la Tiara. L'epistola a Maometto di Enea Silvio Piccolomini (papa Pio II)*, Bolonia, Pendragon. Pío II no tardará en

cambiar de idea, ya que poco después tratará de organizar una nueva cruzada.

[9] Muhammad ya se había adjudicado este título (para gran irritación de los Habsburgo), puesto que al conquistar lo que nosotros llamamos Imperio bizantino, había tomado en realidad el Imperio romano, como acabamos de ver.

[10] Marchand, S. L. (2009): *German Orientalism in the Age of the Empire. Religion, Race, and Scholarship*, Cambridge, Cambridge University Press, pp. 54-55.

[11] Sen, A. (1998): *Laicismo indiano*, Milán, Feltrinelli, p. 141.

[12] Véase Marramao, G. (2009): *Passaggio a Occidente. Filosofia e globalizzazione*, Turín, Bollati Boringhieri, pp. 67-68 [(2007): *Pasaje a Occidente: filosofía y globalización*, Madrid, Katz Editores], a partir de la tesis de Max Weber.

[13] Sobre el significado de la poesía de Kipling, véase Evans, R. J. (2016): *Alla conquista del potere. Europa 1815-1914*, Roma-Bari, Laterza, pp. 895-905 [(2017): *La lucha por el poder: Europa 1815-1914*, Barcelona, Editorial Crítica]. Y eso que el que suele invocarse, más o menos explícitamente, como uno de los grandes padres de esta tradición occidental, es decir, Platón (aquello de «from Plato to Nato», como dicen en América), había advertido expresamente que una división entre griegos (es decir, europeos y occidentales, en las reconstrucciones de las que

se está hablando) y bárbaros, los otros, es un sinsentido lógico: «—Sócrates el Joven: "¿Por qué dices que, al establecer la división hace un momento, no lo hemos hecho correctamente?". —Extranjero: "Por esto: es como si alguien, al intentar dividir en dos el género humano, lo dividiese como la mayoría de los de aquí, que separan la raza griega de todas las demás, como si fuese una única, y denominan 'bárbara', con un único calificativo, a todas las demás razas, que son innumerables, y no se mezclan ni hablan la misma lengua entre sí, y creen, por causa de ese único calificativo, que es un género único"» (*El político*, 262c-d, trad. de Francesc Casadesús [2020]: Platón, *Critón. El político*, Madrid, Alianza Editorial).

5. Occidentes, Orientes

[1] El discurso se puede leer en línea: https://www.vatican.va/content/benedict-xvi/it/speeches/2006/september/documents/hf_ben-xvi_spe_20060912_university-regensburg.html.

[2] Véanse, por ejemplo, las consideraciones críticas de Ferrone, V. (2013): *Lo strano illuminismo di Joseph Ratzinger*, Roma-Bari, Laterza. Véase también Büttgen, P., Libera, A. de, Rosier Catach, I., y Rashed, M. (eds.), *Les Grecs, les Arabes et nous. Enquête sur l'Islamophobie savant*, París, Fayard, 2009.

[3] Véanse, por ejemplo, los estudios clásicos de Go-Gwilt, C. (1995): *The Invention of the West*, Stanford, Stanford University Press, pp. 220-242, y Gress, D. (1998): *From Plato to Nato: The Idea of the West and its Opponents*, Nueva York, Free Press. Un análisis aparte merecerían, obviamente, el marxismo y el comunismo, que forman parte de la historia europea y occidental, pero no de la actual narración dominante de lo que es la tradición europea y occidental.

[4] Chakrabarty, D. (2004): *Provincializzare l'Europa*, Roma, Meltemi, pp. 15-42 [(2008): *Provincializing Europe: Postcolonial Thought and Historical Difference*, Princeton University Press]. Como él mismo admitió, Chakrabarty retomó una idea de Gadamer, compartida también por filósofos como Karl Jaspers o Carl Schmitt.

[5] Véase Jockey, P. (2015): *Le mythe de la Grèce blanche. Histoire d'un rêve occidental*, París, Belin.

[6] Véase, por ejemplo, la reciente contribución de Goedde, P. (2023): *Culture globali. Una storia di omologazione e resistenza dal 1945 a oggi*, Turín, Einaudi, pp. 134-194.

[7] Awoonor, K. N. (1992): *Statement by H. E. Dr. Kofi Awoonor, Ambassador and Permanent Representative of Ghana and Chairman of the Group 77 in the General Debate of the Undp Governing Council, 11th June 1991*, Nueva York, The Group of 77, p. 2.

[8] Benhabib, S. (2007): «Twilight of Sovereignity or the Emergence of Cosmopolitan Norms? Rethinking Citi

zenship in Volatile Times», en *Citizenship Studies*, 11, pp. 19-36, 33 (en parte).

[9] Muy interesantes, respecto de este tema, son las observaciones de Pagden, A. (2023): *Oltre gli Stati. Poteri, popoli e ordine globale*, Bolonia, Il Mulino, pp. 61-99 (y, sobre todo, pp. 69-72, donde aborda las tesis de Seyla Benhabib y la relación de la Comisión de la ONU). [(2025): *Más allá de los estados. Poderes, pueblos y el orden global*, Barcelona, RBA].

[10] Véase Norden, B. W. van (2017): *Taking back Philosophy: A Multicultural Manifesto*, Nueva York, Columbia University Press, pp. 88-95, sobre China, y Sen, A. (1998): *Laicismo indiano*, Milán, Feltrinelli, p. 53, sobre la India.

[11] Véase Marramao, G., *Passaggio a Occidente*, *op. cit.*, pp. 64-80 y 265-268.

[12] Véase Grandi, A. (2020): *Denominazione di origine inventata. Le bugie del marketing sui prodotti tipici italiani*, Milán, Mondadori.

[13] Está claro que no es un problema solo nuestro si se piensa en la gran operación ideológica que en los últimos años está llevado a cabo China al objeto de reivindicar el valor ahistórico de las civilizaciones (la griega, en Occidente; la china, en Asia) o en todas las discusiones sobre el afrocentrismo y la negritud en África. En cuanto a China, véase, por ejemplo, la declaración de 2017 del Foro de Antiguas Civilizaciones (cuyos Estados miembros son China, Grecia, Bolivia, Egipto, India, Irán, Irak,

Italia, México y Perú) con el comentario de Mac Swee-ney, N. (2023): *The West: A New History of an Old Idea*, Londres, Penguin, pp. 326-334 [(2024): *Occidente: una nueva historia de una vieja idea*, Barcelona, Ediciones Pai-dós]; en lo que se refiere al afrocentrismo, además de Léopold Sédar Senghor, véase Muntu, J. Jahn (1961): *African Cultures and the Western World*, Londres, Faber & Faber, con los comentarios de Appiah, K. A., *La menzogna dell'identità, op. cit.*, pp. 223-225.

[14] *Ibidem*, p. 219.

6. «Nadie es una hoja en blanco». Pasado, presente, futuro

[1] Gadamer, H. G. (1983): *Verità e metodo*, Milán, Bompiani, p. 317 [(1999): *Verdad y método*, Salamanca, Sígueme].

[2] *Ibidem*, p. 324.

[3] Son muy interesantes las observaciones de Cambiano, G., «Il classicismo animistico di Gadamer», en Cambiano, G. (1988): *Il ritorno degli antichi*, Roma-Bari, Laterza, pp. 41-72.

[4] La ilusión resulta aún más ingenua si tenemos en cuenta que cada día tiene menos sentido la división entre conocimiento humanístico y científico. Cada día está más claro que lo que nos constituye, lo que somos, de-

pende de factores que casi nunca podemos controlar. No solo están los prejuicios gadamerianos, ese conjunto de valores e ideas que hemos heredado sin apenas darnos cuenta y sobre los que deberíamos reflexionar. No menos importantes son los efectos de una historia profunda, que se remonta a siglos y generaciones. Un ejemplo vale más que muchas explicaciones, y uno nos lo ofrece Dipesh Chakrabarty, un pensador que ha tratado estos temas con gran inteligencia: imaginemos a un paciente que acude al médico. Se presenta ante él con una historia, su biografía, convencido de que en ella reside la razón de sus problemas, y en cambio descubre que es el heredero de una historia mucho mayor. De pronto, el paciente se ve inmerso en una historia mucho más larga, impersonal y completamente inesperada: la propensión genética a desarrollar la enfermedad depende de una dieta milenaria a base de arroz, de un estilo de vida que durante siglos ha sido cada vez más sedentario; véase Chakrabarty, D. (2015): «The Human Condition in the Anthropocene», en *The Tanner Lectures in Human Values*, Yale University Press, p. 181.

[5] Véase Arendt, H. (2024): *Walter Benjamin (1892-1940)*, Barcelona, Editorial Flâneur.

[6] «Sul concetto di storia», en Benjamin, W. (1955): *Angelus novus. Saggi e frammenti*, Turín, Einaudi, p. 101 [(2021): *Tesis sobre el concepto de historia y otros ensayos sobre historia y política,* Madrid, Alianza Editorial].

[7] *Ibidem*, tesis VI, p. 78.

[8] Hartog, *Chronos, op. cit.*

[9] Latour, B. (2020): *La sfida di Gaia*, Milán, Meltemi, p. 340 [(2017): *Facing Gaia. Eight Lectures on the New Climatic Regime*, Cambridge, Polity Press].

[10] McNeill, J. R., y Engelke, P. (2018): *La grande accelerazione. Una storia ambientale dell'Antropocene dopo il 1945*, Turín, Einaudi.

[11] Wittgenstein, L. (1988): *Pensieri diversi*, Milán, Adelphi, pp. 20-21.

[12] Véase Bonazzi, M., y Chiaradonna, R. (2016): «Intellettuali nell'epoca del "presentismo"», en *il Mulino*, 65, p. 1034.

[13] Rosa, H. (2015): *Accelerazione e alienazione, op. cit.*, pp. 39-40.

Bibliografía

ALTINI, C. (2015): *Progresso*, Pisa, Edizioni della Normale.

APPIAH, K. A. (2019): *La menzogna dell'identità. Come riconoscere le false verità che ci dividono in tribù*, Milán, Feltrinelli [(2019): *Las mentiras que nos unen. Repensar la identidad*, Barcelona, Taurus].

ARENDT, H. (2024): *Walter Benjamin (1892-1940)*, Barcelona, Editorial Flâneur.

BAUMAN, Z. (2017): *Retrotopia*, Roma-Bari, Laterza [(2017): *Retrotopía*, Barcelona, Paidós].

BENHABIB, S. (2007): «Twilight of Sovereignty or the Emergence of Cosmopolitan Norms? Rethinking Citi zenship in Volatile Times», *Citizenship Studies*, 11, pp. 19-36.

Benjamin, W. (2021): *Tesis sobre el concepto de historia y otros ensayos sobre historia y política*, Madrid, Alianza Editorial.

Boym, S. (2001): *The Future of Nostalgia*, Nueva York, Basic Books.

Büttgen, P., Libera, A. de, Rosier Catach, I., y Rashed, M. (eds.), *Les Grecs, les Arabes et nous. Enquête sur l'Islamophobie savant*, París, Fayard, 2009.

Cambiano, G. (1988): *Il ritorno degli antichi*, Roma-Bari, Laterza.

Canfora, L. (1990): *La biblioteca scomparsa*, Palermo, Sellerio [(1998): *La biblioteca desaparecida*, Asturias, Ediciones Trea].

Carrera, A. (2023): *Sapere*, Bolonia, Il Mulino [(2024): *Saber*, Madrid, Alianza Editorial].

Chakrabarty, D. (2004): *Provincializzare l'Europa*, Roma, Meltemi [(2008): *Provincializing Europe: Postcolonial Thought and Historical Difference*, Princeton University Press].

—. (2015): «The Human Condition in the Anthropocene», en *The Tanner Lectures in Human Values*, Yale University Press.

D'Ascia, L. (2001): *Il Corano e la Tiara. L'epistola a Maometto di Enea Silvio Piccolomini (papa Pio II)*, Bolonia, Pendragon.

Derbew, S. F. (2022): *Untangling Blackness in Greek Antiquity*, Cambridge, Cambridge University Press.

EVANS, R. J. (2016): *Alla conquista del potere. Europa 1815-1914*, Roma-Bari, Laterza [(2017): *La lucha por el poder: Europa 1815-1914*, Barcelona, Editorial Crítica].

FEBVRE, L. (2001): *Europa: la génesis de una civilización*, Barcelona, Editorial Crítica.

FERRONE, V. (2013): *Lo strano illuminismo di Joseph Ratzinger*, Roma-Bari, Laterza.

FREUND, W. (2001): *Modernus e altre idee di tempo nel Medioevo*, Milán, Medusa.

FUKUYAMA, F. (2019): *Identità*, Milán, Utet [(2019): *Identidad: la demanda de dignidad y las políticas de resentimiento*, Barcelona, Deusto].

GADAMER, H. G. (1983): *Verità e metodo*, Milán, Bompiani [(1999): *Verdad y método*, Salamanca, Sígueme].

GOEDDE, P. (2023): *Culture globali. Una storia di omologazione e resistenza dal 1945 a oggi*, Turín, Einaudi.

GOGWILT, C. (1995): *The Invention of the West*, Stanford, Stanford University Press.

GRANDI, A. (2020): *Denominazione di origine inventata. Le bugie del marketing sui prodotti tipici italiani*, Milán, Mondadori.

GRESS, D. (1998): *From Plato to Nato: The Idea of the West and its Opponents*, Nueva York, Free Press.

HARARI, Y. N. (2016): *Homo Deus: breve historia del mañana*, Barcelona, Debate.

—. (2018): *21 lecciones para el siglo XXI*, Barcelona, Debate.

HARTOG, F. (2022): *Chronos. L'Occidente alle prese con il tempo*, Turín, Einaudi [(2023): *Cronos: Cómo Occidente ha pensado el tiempo, desde el primer cristianismo hasta hoy*, México, Siglo XXI Editores].

JOCKEY, P. (2015): *Le mythe de la Grèce blanche. Histoire d'un rêve occidental*, París, Belin.

KURZWEIL, R. (2005): *The Singularity is Near. When Humans Transcend Biology*, Nueva York, Viking.

LATOUR, B. (2020): *La sfida di Gaia*, Milán, Meltemi [(2017): *Facing Gaia. Eight Lectures on the New Climatic Regime*, Cambridge, Polity Press].

LEVERING Lewis, D. (2009): *Islam and the Making of Europe 570-1215*, Nueva York, Norton [(2009): *El crisol de Dios: el islam y el nacimiento de Europa (570-1215)*, Barcelona, Ediciones Paidós Ibérica].

MAC SWEENEY, N. (2023): *The West: A New History of an Old Idea*, Londres, Penguin [(2024): *Occidente: una nueva historia de una vieja idea*, Barcelona, Ediciones Paidós].

MARCHAND, S. L. (2009): *German Orientalism in the Age of the Empire. Religion, Race, and Scholarship*, Cambridge, Cambridge University Press.

MARRAMAO, G. (2009): *Passaggio a Occidente. Filosofia e globalizzazione*, Turín, Bollati Boringhieri

[(2007): *Pasaje a Occidente: filosofía y globalización*, Madrid, Katz Editores].

Mazzarino, S. (1978): *Antico, tardoantico ed era costantiniana*, vol. I, Bari, Dedalo.

McNeill, J. R., y Engelke, P. (2018): *La grande accelerazione. Una storia ambientale dell'Antropocene dopo il 1945*, Turín, Einaudi.

Mordacci, R. (2020): *Ritorno a utopia*, Bari-Roma, Laterza.

Muntu, J. Jahn (1961): *African Cultures and the Western World*, Londres, Faber & Faber.

Nixey, C. (2018): *La edad de la penumbra: cómo el cristianismo destruyó el mundo clásico,* Barcelona, Taurus.

Norden, B. W. van (2017): *Taking back Philosophy: A Multicultural Manifesto*, Nueva York, Columbia University Press.

Nuffelen, P. van (2016): *Penser la tolérance durant l'Antiquité tardive*, París, Cerf.

Otele, O. (2020): *Africani europei. Una storia mai raccontata*, Turín, Einaudi.

Pagden, A. (2023): *Oltre gli Stati. Poteri, popoli e ordine globale*, Bolonia, Il Mulino [(2025): *Más allá de los estados. Poderes, pueblos y el orden global*, Barcelona, RBA].

Rizzacasa d'Orsogna, C. (2022): *Scorrettissimi. La «cancel culture» nella cultura americana*, Bari-Roma, Laterza [(2023): *La cultura de la cancelación en Estados Unidos*, Madrid, Alianza Editorial].

ROSA, H. (2015): *Accelerazione e alienazione. Per una teoria critica del tempo nella tarda modernità*, Turín, Einaudi [(2016): *Alienación y aceleración: hacia una teoría crítica de la temporalidad en la modernidad tardía*, Madrid, Katz Editores].

SASSI, M. (1988): *La scienza dell'uomo nell'antica Grecia*, Turín, Bollati Boringhieri.

SCHIAVONE, A. (2020): *Progresso*, Bolonia, Il Mulino.

—. (2022): *L'Occidente e la nascita di una civiltà planetaria*, Bolonia, Il Mulino.

SEN, A. (1998): *Laicismo indiano*, Milán, Feltrinelli.

TONDELLI, P. V. (1980): *Altri libertini*, Milán, Feltrinelli [(1982): *Otros libertinos*, Barcelona, Editorial Anagrama].

TRAINA, G. (2023): *I Greci e i Romani ci salveranno dalla barbarie*, Bari-Roma, Laterza.

TRAVERSO, E. (2016): *Malinconia di sinistra. Una tradizione nascosta*, Milán, Feltrinelli [(2019): *Melancolía de izquierda: después de las utopías*, Barcelona, Galaxia Gutenberg].

WITTGENSTEIN, L. (1988): *Pensieri diversi*, Milán, Adelphi.